W0084989

Den Fotografen **Michael Riehle** aus München, auf nahezu allen Kontinenten unterwegs, zieht es seit jeher immer wieder in den Süden Frankreichs.

Seit ihrer Schulzeit ist die Hamburger Autorin **Hilke Maunder** dem Midi privat und beruflich verbunden. Sie schätzt die südfranzösische Küche, aber auch die eindrucksvolle Wildheit der Natur.

Liebe Leserinnen, liebe Leser!

„Eine faszinierende Vielfalt" ist die spontane Antwort vieler Urlauber auf die Frage, was sie an Frankreichs Süden, an Languedoc-Roussillon, besonders begeistert. Und das ist wahrlich nicht übertrieben. Die fast 180 km lange Küste mit breiten feinsandigen Stränden, das vom Weinbau geprägte Hinterland, malerische Schluchten und die Gebirgslandschaften der Cevennen und Pyrenäen sowie das Mündungsdelta der Rhône mit seinen Salzsümpfen und der einmaligen Vogelwelt sind sehr gegensätzliche landschaftliche Highlights.

Boomtown Montpellier

Und dann gibt es natürlich jede Menge Kultur zu entdecken. Die wichtigsten Ziele haben wir auf S. 7 für Sie zusammengestellt. Unbedingt einplanen bei Ihrer Reise durch Languedoc-Roussillon sollten Sie einen Aufenthalt in Montpellier. Hier gehen historisches Erbe und Moderne eine geglückte Verbindung ein. Wie keine andere Stadt in Frankreich zieht Montpellier Neubürger an, kein Wunder, wird die Hauptstadt des Languedoc-Roussillon doch von den Franzosen regelmäßig zur attraktivsten Stadt des Landes gewählt. So wächst die Boomtown weiter und wird immer mehr zum „Hotspot" moderner Architektur. 2012/2013 wurden mit dem Hôtel de Ville als leuchtend blauer Kubus und dem RBC Design Centre zwei spektakuläre Bauten von Jean Nouvel eingeweiht, 2014 folgt die Wolke „Le Nuage" von Philippe Starck als futuristisches Sportzentrum.

Urlaub der gemächlichen Art

Natürlich gibt es viele Möglichkeiten, die Region zu erkunden. Eine der schönsten ist die Fahrt mit dem Hausboot auf dem Canal du Midi. Unsere Autorin Hilke Maunder war mit Freunden auf dem Kanal unterwegs und schwärmte begeistert „Ich habe kaum jemals einen erholsameren und gleichzeitig so interessanten Urlaub verbracht." Übrigens empfiehlt sich der Canal du Midi bzw. die ihn begleitenden alten Treidelpfade auch für Radfahrer (s. Aktiv-Tipp, S. 85). Und wer einfach nur entspannen möchte, der probiere es einmal mit „Wellness auf dem Hausboot" (S. 111), danach sind Sie garantiert wieder fit für Unternehmungen jeglicher Art. Herzlich Ihre

Birgit Borowski
Programmleiterin DuMont Bildatlas

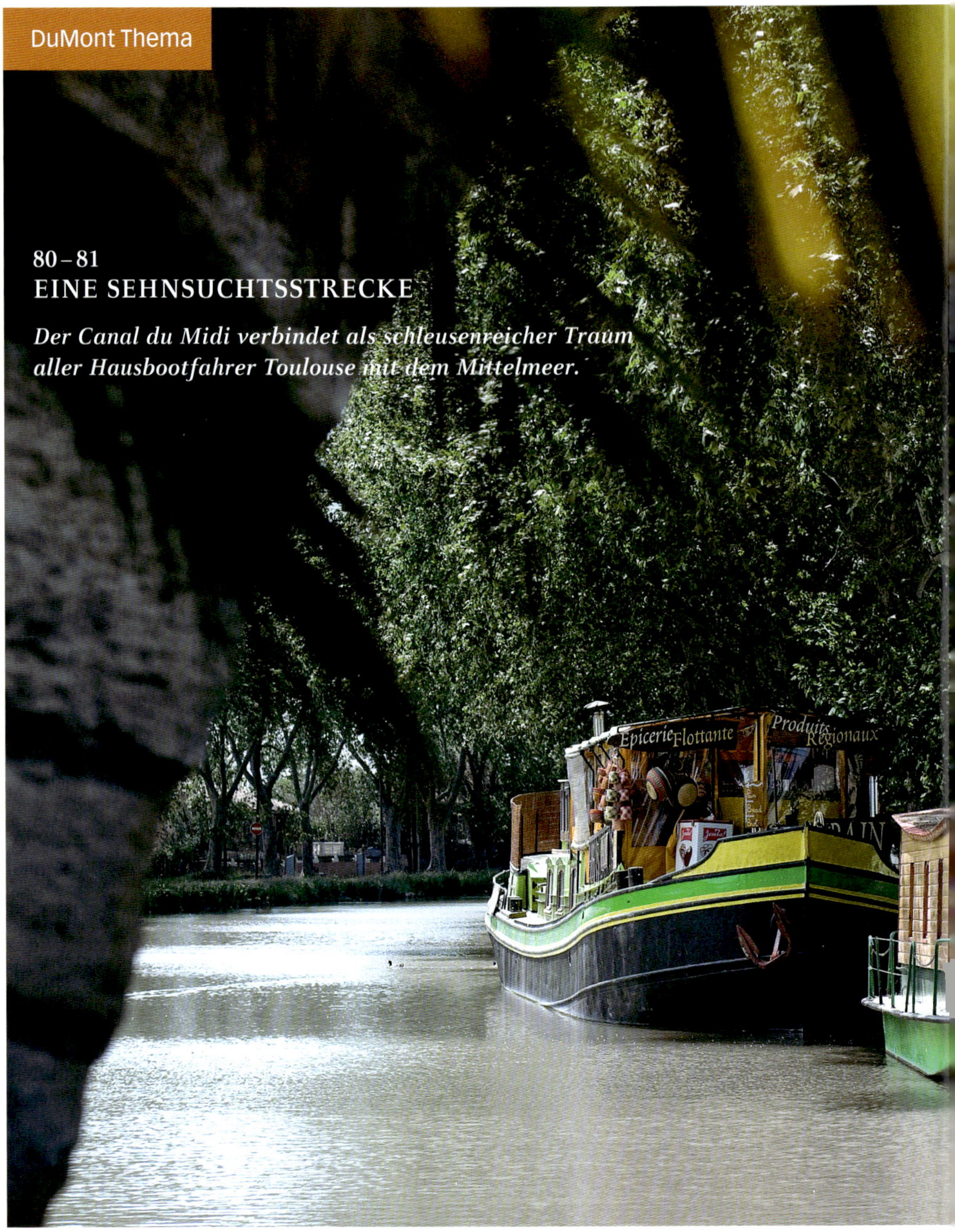

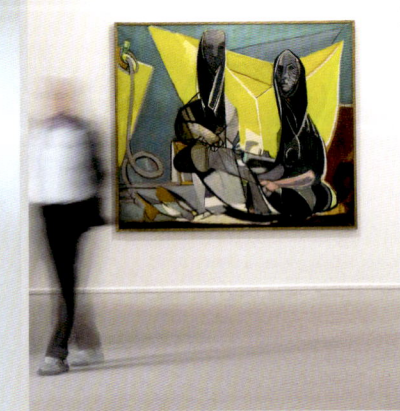

Topziele

Die bedeutendsten Sehenswürdigkeiten und Ereignisse, die keinesfalls versäumt werden sollten, haben wir auf dieser Seite zusammengestellt. Auf den Infoseiten sind sie jeweils als ▶TOPZIEL gekennzeichnet.

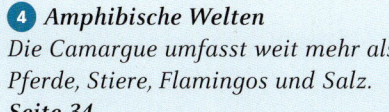

FRANKREICHS SÜDEN IST LEBENSWERT

Nîmes kultiviert die Kunst des guten Lebens. Bei den ersten Sonnenstrahlen füllen sich die Terrassen der Cafés, die Unterhaltungen werden lebhaft, die Stadt vibriert bis spät in die Nacht. Von lauschigen Stadtplätzen zu den Markthallen und den romantischen Jardins de la Fontaine atmet die alte Römerstadt Geselligkeit und Lebensfreude. Und lebt in den Arenen leidenschaftlich die Traditionen der nahen Camargue: die „Course Camarguaise", bei der junge Männer feurig schwarzen Stieren entgegentreten.

AUSSICHTSREICH ÜBER DEN HÜGELKETTEN DER CORBIÈRES

Wie ein Adlernest hockt die imposante Katharerfestung Quéribus über dem Pass Grau de Maury und eröffnet einen überwältigenden Rundblick bis zur majestätischen Bergkette der Pyrenäen. Die Katharer indes dürften für das spektakuläre Panorama kein Auge gehabt haben: Quéribus war das letzte Widerstandsnest der Andersgläubigen gegen Papst und Krone.

WEGWEISEND

Wie kein zweiter Ort in Montpellier symbolisiert die Place de la Comédie Dynamik und Aufbruchstimmung der Boomtown am Mittelmeer, in der alte Stadtpalais und Zukunftsarchitektur spannungsreich in Szene gesetzt wurden und von Architekten mit Weltgeltung weiterhin Neues geplant wird.

GESCHICHTE ALLERORTEN

Römer, Westgoten und Mauren machten sie zur Hauptstadt, die Katharer zu ihrer Glaubensheimat: In Narbonne spiegelt sich die wechselvolle Geschichte des Midi. Manch ein Vorhaben blieb unvollendet – wie die Kathedrale St-Just-et-St-Pasteur, von der nur der 40 Meter hohe Turm in reiner Gotik fertiggestellt wurde.

KONZERTE FÜR DEN FRIEDEN

*1939 flüchtete Pablo Casals vor dem Franco-Regime nach Südfrankreich. Zuflucht fand der angesehene Cellist im kleinen
Pyrenäenstädtchen Prades, das er zum landesweit berühmten Zentrum für Kammermusik machte. Seit 1950 konzertieren
hier berühmte Musiker und ihre Sommerschüler im August in der Abtei St-Michel-de-Cuxa und den Kirchen der Umgebung –
und halten mit ihren Auftritten Casals' Erbe lebendig: seine Forderung nach Frieden, Toleranz und Glaubensvielfalt.*

SCHAUFENSTER SÜDFRANZÖSISCHER LEBENSART UND KOCHKUNST

Seit mehr als 100 Jahren überbieten sich die Händler der Markthallen von Toulouse (Foto), Narbonne und Béziers mit den Köstlichkeiten der Region: feinsten Delikatessen von Ente, Ziege, Rind und Schwein, fangfrischem Fisch und Meeresfrüchten, erlesenem Rohmilchkäse, knackigem Obst und Gemüse – und den besten Tropfen des Midi.

Lebhaftes Römererbe

Die römische Provinz Gallia Narbonensis war einst wichtiges Bindeglied zwischen Spanien und Italien. Fünf Jahrhunderte lang währte die den Galliern verhasste Fremdherrschaft. Ihre Zeugnisse in Nîmes beispielsweise sind heute Zentren südfranzösischer Lebenslust, besonders zur sommerlichen Ferienzeit.

Nîmes' Maison Carrée, der wohl schönste Römertempel

Die Tour Magne, ein Überrest der Stadtbefestigung von Nîmes aus dem 15. Jahrhundert,
überragt den Park Jardins de la Fontaine um die Nemausus-Quelle

Entspannung im „Royal Hotel" an der Place d'Accas

Der Mittelpunkt von Nîmes: Les Arènes, das römische Amphitheater, in dem es einst
– und heute bei der spanischen Corrida erneut – um Leben und Tod ging

Typisch Frankreich: Pétanquespieler am Rand der Jardins de la Fontaine

Nirgendwo in Frankreich sind die Römer so präsent wie in Nîmes. Auf Schritt und Tritt begegnet man hier ihren Zeugnissen, wird ihr Erbe effektvoll multimedial inszeniert. Zu Pfingsten kommt die Antike jedoch ganz spanisch daher: Nîmes feiert die Feria. Millionen Menschen verfolgen dann begeistert die Stierkämpfe in der Arena, genießen in den Bodegas zum Pastis oder Fino ein paar leckere Tapas, bevor sie sich wieder ins Gewühl stürzen, im Takt stimmungsvoller Sinti-musik tanzen oder der Blasmusik der „Bidochons" lauschen, die überall aufspielen. Längst ist das Volksfest auch ein Stelldichein der Stars. In den 1950er-Jahren besuchten Brigitte Bardot

„Hier die Kaiserloge, dort, etwas tiefer gelegen, die Bänke der Patrizier .... Dort drüben die drei Tore, durch die Gladiatoren und wilde Tiere herein sprangen ..."

Gustave Flaubert, 1846

und Errol Flynn die Feria; heute gehören die Schauspielstars Jean Reno und Jacques Weber zu den Stammgästen des Stier-Spektakels.

DIE SCHWARZEN MUSKELPAKETE
Die Passion für die Konfrontation zwischen Mensch und Stier, erst 1952 in offizielle Statuten für Nîmes' erste Feria gegossen, ist mehr als 600 Jahre alt. Als Zuchtgebiet der schwarzen Stiere gilt traditionell das Sumpfland südlich der Stadt: die Camargue mit ihren Salzwiesen und Salinen. Bis ins Mittelalter reicht die Tradition zurück. Heute liegt die Aufzucht der rund 15 000 halbwild lebenden Stiere in der Hand von rund 120 Manadiers. Ihr Name geht auf das lateinische Wort für Hand – „Manus" – zurück, denn erst ab fünf Stieren (eben soviel, wie eine Hand Finger hat), ist

Eine bunte Welt trifft sich zu den Wallfahrten von Saintes-Maries-de-la-Mer

Die Camargue ist Pferdeland

Durch den Ort geht es für die Stiere: „Abrivado" zur Arena

Bei der Maiwallfahrt in Saintes-Maries-de-la-Mer geht es um tiefe Gläubigkeit

Trendstoff aus dem Mittelalter

Jeans sind keine Erfindung unserer Tage: Ihr klassischer Stoff, ein blau gefärbtes, strapazierfähiges Baumwollgewebe in Köperbindung, wurde bereits im Mittelalter in Nîmes hergestellt. Der Legende nach wurden sogar Kolumbus' Schiffe von mit Segeln aus „Serge de Nîmes" ausgerüstet – und erreichten so Amerika. Doch es dauerte noch nahezu vier Jahrhunderte, bis dort die ersten Blue Jeans gefertigt wurden. Zunächst nähten nur Seeleute aus Genua praktische Arbeitshosen aus dem blauen Stoff. Ende des 19. Jahrhunderts schneiderte ein Auswanderer aus Bayern, Levi Strauss, Arbeitskleidung für amerikanische Goldsucher nach deren Vorbild. Aus der Herkunftsbezeichnung „De Nîmes" wurde „Denim", aus dem Städtenamen Genua, französisch Gênes, machte die Umgangssprache „Jeans".

man Herr über eine Herde. Eine zweite Erklärung besagt, dass der Mensch seine Hand schützend über die Herde hält – aber gleichzeitig auch das Sagen hat.

Nur die besten Stiere werden Stars in den Arenen von Arles, Nîmes und Saintes-Maries-de-la-Mer, das Gros der Tiere landet auf dem Schlachthof. Ihr zartwürziges, mit dem AOC-Gütesiegel versehenes Fleisch wird als Mettwurst und Stier-Paté auf den Märkten verkauft, als Steak gegrillt und gehört in jede „Gardiane", den traditionellen Eintopf der Camargue.

Ohne den Obulus der Touristen können die meisten Züchter nicht überleben. Und so zeigen ihre Cowboys, die Gardians, gern die „Tri de Taureau". Hufe klappern, Staub wirbelt auf, immer wieder weicht der Stier aus, doch dann gelingt es dem Reiter, sein Pferd zwischen Stier und Herde zu drängen und das gewünschte Tier abzutrennen. Zimperlich geht es dabei nicht zu: Sporen und Zacken am Halfter sorgen beim Pferd für Gehorsam. Geritten werden die Pferde einhändig mit eng am Hals anliegenden Zügeln – so bleibt die zweite Hand frei für ein Arbeitsgerät oder den schwarzen Hut. Auch die Sättel sind besonders, vorne und hinten hochgezogen und gut gepolstert. Statt der üblichen offenen Bügel sind die

Steigbügel Halbkörbe – sie geben dem Fuß Halt, ohne dass er hängen blieben kann.

Zurück nach Nîmes, wo das besterhaltene Amphitheater der römischen Welt seit jeher dem Kräftemessen als Kulisse dient. 24 000 Zuschauer verfolgten zur Antike die Kämpfe der Gladiatoren gegeneinander oder gegen exotische Tiere. Bis der Siegeszug des Christentums zu Beginn des 5. Jahrhunderts „Brot & Spiele" in Nîmes beendete, und die Arena zum Spielplatz der Bauherren wurde: Westgoten machten sie zur Festung, Landgrafen setzten ihr Schloss hinein, später wurde „Les Arènes" ein eigener Stadtteil mit zeitweilig mehr als 2000 Einwohnern.

MEISTERBAU OHNE MÖRTEL

Die Wiege des römischen Nîmes lag in den Jardins de la Fontaine. Die Römer huldigten hier, wie schon vorher die Kelten, dem Wassergott Nemausus – und benannten nach ihm ihre neue Siedlung. Da jedoch das Quellwasser zu unregelmäßig floss, um die Bedürfnisse der wachsenden Stadt zu befriedigen, gab Kaiser Augustus seinem Schwiegersohn und Feldherrn Agrippa den Auftrag, eine 50 Kilometer lange Wasserleitung zu bauen, die Nîmes mit dem Wasser der Eure-Quelle in den Hügeln von Uzès versorgen sollte, das heute

Frankreichs Fin-de-siècle, die „gute alte Zeit",
zeigt sich im „Café de Paris" von Le Grau-du-Roi

Hier kann sich jeder aussuchen, was auf dem Teller landen soll:
Fischtheke eines Restaurants in Le Grau-du-Roi

Inmitten einer Kunstwelt mit Ferienwohnungen für Zehntausende sorgt Le Grau-du-Roi mit seinem Hafenkanal, den Häusern vergessen geglaubter Zeiten und dem Leuchtturm für Flair

Urlaubsorte für jeden Geschmack: alte Badeorte mit Charme und moderne Ferienwelten wie Port-Camargue und La Grande-Motte mit vielfältiger Architektur und Animation.

von Perrier als Mineralwasser abgefüllt wird. Die Aufgabe schien unlösbar – gab es doch auf der gesamten Strecke nur einen Höhenunterschied von 17 Metern, und damit ein Gefälle von nur 0,034 Prozent. Zudem kreuzte der Gardon den geplanten Lauf des Aquädukts – wie konnte er überwunden werden? Heraus kam eine Brücke der Superlative, die seit 1985 zum Unesco-Welterbe zählt: der Pont du Gard. In drei übereinander gelagerten, immer engeren Bögen überspannt der Bau 49 Meter hoch das Flusstal. Seine bis zu sechs Tonnen schweren Muschelkalkquader wurden ohne Mörtel oder Zement zusammengefügt – eine einzig-

artige Konstruktion! Allein der Druck und die dadurch entstehenden Reibekräfte genügen, um die insgesamt 50 000 Steine zusammenzuhalten. „Die Seele sieht sich in ein langes und tiefes Erstaunen versetzt", schrieb der Essayist und Romancier Stendhal 1837 nach einem Besuch des Pont du Gard und notierte, tief beeindruckt, in seinem Reisetagebuch: „Mir scheint, als wirke dieser Bau wie erhabene Musik."

LEBENDIGES MITTELALTER

Ein zweiter berühmter französischer Poet lebte ab 1661 für 18 Monate dort, wo die Römer einst zum Schutz der Quelle ihr Militärlager Castrum Uticense

Uzès' Tour Fénestrelle, Überbleibsel der in den Glaubenskriegen des 16. und 17. Jahrhunderts zerstörten Kirche, und die „neue" Kathedrale

Uzès' gesamte Altstadt um die Place aux Herbes steht heute unter Denkmalschutz. Aufwendigen Restaurierungen steht aber auch Verfall gegenüber, wenn die notwendigen Mittel fehlen

Über den Pont du Gard gelangte das Trinkwasser ins römische Nîmes

errichtet hatten: der für Tragödien geschätzte Jean Racine. Seine „Briefe aus Uzès" an die Pariser geben ein Zeugnis vom damaligen Leben in Uzès, von den Bräuchen, aber auch von politischen und religiösen Verwicklungen.

Uzès ist im Jahr 1632 zur „Premier Duché de France" ernannt worden – eine Tatsache, die bis heute gerne und durchaus wirksam für die Tourismuswerbung eingesetzt wird. Sein verwinkelter Palast, dessen Besichtigung sich der Herzog teuer bezahlen lässt, bildet das Herz der Altstadt, die hinter einem Boulevardring ihr mittelalterliches Gepräge fast vollständig bewahrt hat. Über kopfsteingepflasterte Gassen streunen Katzen, in den Stadtpalästen aus Renaissance und Klassizismus verkaufen Aussteiger, Antiquitätenhändler, Künstler und Kunsthandwerker das Lebensgefühl des Südens – Schmuck, Mode und Ambiente im Flair des Midi.

Napoleon III. sorgte für das prachtvolle heutige Bild des Pont du Gard.

DAS SALZ DER CAMARGUE

Schon die Römer gewannen in der Camargue das lebenswichtige Salz. Im ausgehenden Mittelalter wurden noch 17 Salinen betrieben. Heute liegt die Salzgewinnung in den Händen des Großunternehmens Salins du Midi, dessen strahlend weiße Salzberge bei Aigues-Mortes in den blauen Himmel ragen. 5000 Hektar der flachen Lagune wurden dort zur Salzgewinnung eingedeicht. Im Frühjahr wird Meerwasser hineingepumpt, das unter der starken Sonne und den steten Mistralwinden verdunstet. Im Sommer, wenn der Wind sich legt, kristallisiert die Oberfläche der Salzlandschaft und bildet die „fleur de sel". Die besonders aromatische „Salzblume" wird vom Saunier vorsichtig per Hand abgenommen – und hat daher seinen Preis. Danach beginnt die maschinelle Salzernte.

Die schwarzen Helden

In der Camargue regiert Lasso statt Lavendel, heißen die Ranches „Manade" und züchten markig aussehende Männer schwarze Kolosse für den Stierkampf.

Wie die Zucht der Stiere gehört das gegenseitige Kräftemessen zur Tradition in der Camargue. Anders als bei der spanischen Corrida verlässt der Stier bei der Course Camarguaise die Arena nicht tot, sondern lebendig. Und im Wettkampf zwischen Tier und Mensch wird das Tier bei einem Sieg genauso gefeiert wie der „Raseteur", der versucht, die zwischen den Hörnern mit Bändern befestigte „Concarde" – eine rote Kokarde und zwei Bommel – abzureißen.

Den Auftakt zur Course Camarguaise bilden die „Abrivados", bei denen die Stiere von berittenen „Gardians" durch die Dorfstraßen in die Arenen getrieben werden. Rund zehn Courses bestreitet ein Kampfstier pro Saison, nach 15 Jahren ist Schluss. Danach verbringt ein „Cocardier" seine letzten Lebensjahre bei der Herde.

Sehr umstritten sind die Stierkämpfe spanischer Art, die noch immer in rund 60 südfranzösischen Städten stattfinden. Zwar werden die „Corridas" von der Bevölkerung mehrheitlich abgelehnt, doch die Lobby der Verfechter ist stark – selbst Staatspräsidenten zählten schon zu ihren Anhängern.

Im französischen Tierschutzgesetz sind die „Courses de Taureaux" ausdrücklich als Ausnahme gestattet. Und auch die Course de Camarguaise ist nicht ganz so tierfreundlich, wie sie sich gerne gibt. Um dem Stier zu entwischen, flüchten sich die tollkühnen Läufer hinter die Holzbarriere, die die Arena begrenzt. Während sich der Mann mit hohem Sprung über die Bretterwand rettet, prallt der Stier mit seinen Hörnern gegen die

Archaisches Ritual in der Arena von Nîmes: Den Stierkampf nach spanischer Art lehnt die Mehrheit der französischen Bevölkerung ab.

Holzwand. Auch kommt es durch das Abreißen der „Concarde" zu Verletzungen – mancher Stier hat sein Augenlicht verloren. Vor dem ersten Einsatz als Kampfstier steht zudem die Kastration – ohne Betäubung.

Doch jetzt ertönt bereits wieder die traditionelle Fanfare, die auch jede Course Camarguaise eröffnet: „Auf in den Kampf, Torero" aus der Oper „Carmen". Der Stier scharrt mit seinen Hufen im Sand. Das archaische Ritual beginnt aufs Neue.

WAS, WANN, WO?

Stiere erleben:
Manade Caillan, François Fassi,
Route de Massane, F-13210 St-Rémy-de-Provence,
Tel. 06 28 78 42 55, www.manade-caillan.fr
Manade des Chanoines, Route des Marais,
F-13280 Raphèle (Arles), Tel. 04 66 70 09 65,
www.manadedeschanoines.camargue.fr
Manade Gilbert Arnaud, Mas lou Rayas (D 38c),
F-13460 Les Stes-Maries-de-la-Mer, Tel. 04 90 97 52 52,
www.manade-arnaud.camargue.fr
Manade Jean Lafon, Mas du Grés,
F-34400 St-Nazaire de Pezan, Tel. 04 67 71 31 42,
www.manade-lafon.com

Die berühmtesten „Ferias" Südfrankreichs:
Feria de Nîmes: Pfingsten, Sept.; www.ot-nimes.fr
Feria d'Arles: Ostern, Anfang Juli, Sept.; www.feriaarles.com
Feria de Beaucaire: Ende Juli; www.beaucaire.fr
Feria de Béziers: Mariä Himmelfahrt (15.8.); www.arenes-de-beziers.com, http://de.beziers-mediterranee.com

Maßstab 1:390.000

0   5   10km

Infos

Stierkampf und Römerschätze

Warum zeigt das Stadtwappen von Nîmes ein Krokodil an der Kette? Weil Julius Cäsar von hier seinen erfolgreichen Feldzug gestartet hat, lautet die Antwort – und verweist damit auf eine Epoche, die der Region rund um Nîmes bis heute ihren Stempel aufgedrückt hat: die Römerzeit.

01 NÎMES

Das reiche Erbe der Römerzeit machte Nîmes (144 000 Einw.) berühmt. Bei der Arbeit trugen die Bewohner den Stoff, der hier erfunden wurde: Denim. Seit dem 18. Jh. ist die Textilindustrie bedeutender Wirtschaftsfaktor in der Hugenottenhochburg des 16. Jh. Für deren modernes Antlitz setzten Stararchitekten wie Sir Norman Foster, Jean Nouvel und Kisho Kurokawa wichtige Akzente. Neue lebenswerte Stadtviertel im Einklang mit nachhaltigen Zielen zu schaffen ist Ziel der Grands Projets. Nach Niederflurstraßenbahnen, von namhaften Designern poppig gestaltet, führt Nîmes seit 2012 auch den „Tram'Bus" ein. Bahnhof und Amphittheater verbindet seit 2012 die neue grüne Flanierstrecke L'Esplanade.

Sehenswert

Das **Amphitheater** ▶**TOPZIEL** (www.arenes-nimes.com; Jan., Feb., Nov., Dez. tgl. 9.30 bis 17.00, März, Okt. 9.00–18.00, Apr., Mai, Sept. 9.00–18.30, Juni 9.00–19.00, Juli/Aug. 9.00 bis 20.00 Uhr) wurde Ende des 1. Jh. erbaut und gilt als größte Arena des gallorömischen Reiches; sie ist 133 m lang und 101 m breit. Vom 21 m hohen, zweistöckigen Arkadenring bietet sich ein herrlicher Blick auf die Altstadt. Das einstige Forum der antiken Stadt beherrscht die **Maison Carrée**, einer der am besten erhaltenen Tempel der Antike (1. Jh.) auf dem Gebiet des früheren römischen Reichs. Im Innern werden 2000 Jahre Stadtgeschichte als 3-D-Film präsentiert (März tgl. 10.00–18.00, Apr., Mai, Sept. bis 18.30, Juni bis 19.00, Juli/Aug. bis 20.00, Okt. 10.00–13.00, 14.00–18.00, sonst 10.00–13.00, 14.00–16.30 Uhr). In den **Jardins de la Fontaine**, im 18. Jh. als eine der ersten öffentlichen Gärten Frankreichs rund um ein antikes Quellheiligtum am Mont Cavalier angelegt, erhebt sich die achteckige **Tour Magne**; mit phantastischer Aussicht auf die Stadt, den Mont Ventoux, das kleine Gebirge der Alpilles und der Ebene von Vistre ist der 32 m hohe Turm letztes Überbleibsel der römischen Stadtbefestigung (Jan., Febr., Nov., Dez. tgl. 9.30 bis 13.00, 14.00–16.30, März, Okt. 9.30–13.00, 14.00–18.00, Apr., Mai, Sept. 9.30–18.30, Juni 9.00–19.00, Juli/Aug. bis 20.00 Uhr). Viele **Stadtpalais'** aus dem 16., 17. und 18. Jh. sind restauriert; einige dienen als Hotels.

Moderne Tempel-Interpretation: Carré d'Art

Museen

Zeitgenössische Kunst birgt das von Sir Norman Foster 1993 realisierte **Carré d'Art** – vom Dachcafé öffnet sich ein unverstellter Blick auf die Maison Carrée, dessen antike Architektur der Museumsbau aufgreift (16, place de la Maison Carrée, http://carreartmusee.nimes.fr; Di.–So. 10.00–18.00 Uhr). Das **Musée des Beaux Arts** zeigt französische und italienische Kunst des 15.–19. Jh. (Rue Cite Foulc, www.nimes.fr; Di. bis So. 10.00–18.00 Uhr). Hintergründe zum Stierkampf vermittelt das **Musée des Cultures Taurines** (6, rue Alexandre Ducros; Mai–Sept. Di.–So. 10.00–18.00 Uhr). Einblicke in die (Alltags-)Geschichte von Nîmes gewährt im ehem. Bischofspalast aus dem 17. Jh. das **Musée du Vieux Nîmes** (Place aux Herbes; Di.–So. 10.00 bis 18.00 Uhr), während das **Musée archéologique** (13, boulevard Amiral Courbet; Di.–So. 10.00–18.00 Uhr) Sammlungen von der Eisenzeit bis zur gallorömischen Epoche birgt.

Aktivitäten

Vielfältigen Wasserspaß verspricht das **Erlebnisbad Aquatropic** (39, chemin de l'Hostellerie, www.aquatropic-equalia.fr; Mo.–Fr. 10.00–20.00, Sa. 11.00–18.15 Uhr, im Sommer tw. Mittagspause).

Einkaufen

Lammfleisch, Stockfisch, Pélardon und Picholine: Die überdachten **Markthallen** von Nîmes sind Di. ein Paradies für Schlemmer (tgl. 7.00 bis 13.00, So. bis 13.30 Uhr, www.leshallesde nimes.com). Knusprige „Croquets Villarets" (Mandelbiskuits) werden seit 1775 bei Villaret (13, rue de la Madeleine) nach altem Rezept hergestellt.

Veranstaltungen

Pfingsten und im Sept. feiert Nîmes die **Feria** mit Corridas, Konzerten, Umzügen und Ausstellungen. Bei den **Jeudi de Nîmes** verwandeln sich im Juli und Aug. Do. Straßen und Plätze der Stadt in einen Nachtmarkt mit Kitsch, Kunst und Schlemmereien.

Hotels und Restaurants

Das €€ **Royal Hôtel** schwelgt farbenfroh im Stierkampf-Flair, im **Bodeguita** brutzelt man spanisch (3, boulevard Alphonse Daudet, F-30000 Nîmes, Tel. 04 66 58 28 27, www.royal-hotel-nimes.com). In einem Barockpalais residiert das €€/€€€ **Marquis de la Baume** (21, rue Nationale, F-30000 Nîmes, Tel. 04 66 76 28 42, www.new-hotel.com/la baume/fr). Die Brasserie €€€ **La Grande Bourse** direkt gegenüber der Arenen ist eine Institution (2, boulevard des Arènes, Tel. 04 66 67 68 69, www.la-grande-bourse.com). Ein Juwel nahe der Arenen ist €€ **Le Resto** mit seiner saisonfrischen Regionalküche (6, rue Saint-Thomas, Tel. 04 66 21 80 12, www.leresto-nimes.com).

Umgebung

32 km nordöstl. überspannt seit 2000 Jahren der **Pont du Gard** ▶**TOPZIEL** (www.pontdu gard.fr; Juli/Aug. 9.00–20.00 Uhr, sonst kürzer) die Schlucht des Gardon. Den Bau des heutigen UNESCO-Welterbes dokumentiert das Museum; im Kino verschmelzen Geschichte und Fiktion beim 25-minütigen Film „Le Vaisseau du Gardon" („Das Schiff auf dem Gardon") von Robert Pansard-Besson. Im Sommer locken Konzerte, Festivals und Les Féeries mit spektakulärem Feuerwerk. Wo später die Via Domitia, die Römerstraße von Italien nach Spanien, die Rhône überquerte, entstand im 7. Jh. v. Chr das antike Ugernum als bedeutender Handelsplatz. Seine Schiffe liefen Mittelmeer- und Atlantikhäfen an, und bis ins 19. Jh. war die 1168 gegründete „Foire de la Madeleine" eine der größten Messen Europas. Heute ist **Beaucaire** ein beschauliches Städtchen mit engen Gassen, Torbögen, Stadtpalais' und blühenden Geranien.

Information

Office de Tourisme, 6, rue Auguste
F-30020 Nîmes Cedex 1, Tel. 04 66 58 38 00
www.nimes-tourisme.com

Tipp

Auf dem Gardon

Ein Spaziergang über den berühmten Pont du Gard gehört zum Standard. Spannender ist es, sich in Collias ein Kanu oder Kajak zu mieten und auf dem Gardon unter den historischen Brückenbogen hindurchzugleiten. Am Ende der Paddeltour geht es im Bus zurück zum Ausgangspunkt.

Leihboote gibt es u. a. bei Kajak Vert, Tel. 04 66 22 80 76, www.canoe-france.com

Infos

Tipp

Uralte Wallfahrt

Jeden Mai pilgern Roma, Sinti, Manuschen und Jenische aus aller Welt nach Saintes-Maries-de-la-Mer, um dort die schwarze Sara als Schutzheilige zu verehren. Die Dienerin habe Marie-Jacobe, die Schwester der Muttergottes, und Marie-Salome, die Mutter Johannes des Täufers, bei ihrer Flucht aus dem Heiligen Land begleitet und sei mit den beiden Frauen in einer ruderlosen Barke hier an Land gespült worden. Am 24. Mai wird die Statue der hl. Sara aus der Wehrkirche Notre-Dame-de-la-Mer geholt und, begleitet von geschmückten Reitern auf weißen Camargue-Pferden, feierlich ins Meer getragen, um sie dort mit Wasserzu benetzen. Auf dem Rückweg zur Kirche begleiten Beifalls- und Jubelrufe, Musik und Glockengeläut die Prozession.

02 UZÈS

Einst siedelten in Uzès (8750 Einw.) die Kelten, später errichteten die Römer hier ihr Militärlager „Castrum Ucetiense". 1229 wurde Uzès der französischen Krone unterstellt, 1632 wegen der uneingeschränkten Unterstützung der Könige zum „1er Duché de France", zum ersten Herzogtums Frankreichs, erhoben.

Sehenswert

Hinter einem Boulevardring mit Straßencafés lädt die weitgehend autofreie **Altstadt** mit Stadtpalästen und mittelalterlich-idyllischen Gassen mit vielen kleinen Boutiquen zum Bummeln – besonders zur Marktzeit am Samstag. Die platanenbestandene **Place aux Herbes** mit ihren Arkaden ist vielen aus dem Kino bekannt – hier wurde u. a. „Der Cyrano von Bergerac" mit Gérard Depardieu gedreht. Die **Kathedrale St-Théodorit** (17. und 19. Jh.) birgt im Innern eine der schönsten Orgeln Frankreichs (ab 1660). Ungewöhnlich ist auch die **Tour Fenestrelle** (11./12. Jh.); der Rest der ersten Kathedrale erhebt sich rund und mit Bogengängen auf einem quadratischen Sockel – wie ein italienischer Campanile. Gleich gegenüber residiert im **Herzogsschloss Le Duché** mit der Familie Crussol d'Uzès die weltliche Macht (Juli und Aug. tgl. 10.00–12.30, 14.00–18.30, sonst 10.00–12.00, 14.00–18.00 Uhr, www.duche-uzes.fr); ist der Herzog anwesend, weht seine Flagge auf den Zinnen. Besonders schön ist der Innenhof mit seiner Renaissancefassade von

1565, über der sich seit 900 Jahren der 43 m hohe Bergfried **Tour Bermonde** erhebt.

Museum

Sammlungen zur Volkskunst, Stadtgeschichte und Keramiktradition präsentiert das **Musée Georges Borias** (Ancien Evêché, http://uzes musee.blogspot.de; Juli/Aug. Di–So. 10.00 bis 12.00, 15.00–18.00, März–Juni, Sept./Okt. 15.00–18.00, Nov. und Feb. 14.00–17.00 Uhr).

Hotel und Restaurant

Nostalgische Zimmer mitten in der alten Stadt und das Schlemmerlokal €€€€ **Parenthèse** birgt die €€ **L'Hostellerie Provençale** (1, rue de la Grande Bourgade, F-30700 Uzès, Tel. 04 66 22 11 06, www.hostellerieprovencale.com). Sehr beliebt ist ein Sommer-Dinner auf der Terrasse von €€€€ **Les Jardins de Castille** mit Blick auf die Kathedrale (Place de l'Evêché, Tel. 04 66 22 32 68, www.leshotelsparticuliers.com).

Umgebung

Das Töpferdorf **St-Quentin-la-Poterie** (nördl.) veranstaltet im Juli das Festival Européen des Arts Céramiques. Keramikkunst des 18.–21. Jh. präsentiert das Musée de la Poterie Mediterranéenne (14, rue de la Fontaine, www.musee-poterie-mediterranee.com; Juni Mi.–So. 10.00 bis 13.00 und 15.00–19.00, Juli und Aug. tgl., Sept. Mi.–So. 10.00–12.00 und 14.00–18.00 Uhr, sonst kürzer). Wie sich ein Klumpen Ton in Kunstvolles verwandelt, zeigen mehr als 20 Kunsthandwerker in ihren Ateliers.

Information

Office de Tourisme de Uzès et d'Uzège, Chapelle des Capucins, Place Albert 1er, F-30700 Uzès, Tel. 04 66 22 68 88, Fax 04 66 22 95 19, www.uzes-tourisme.com

03 STES-MARIES-DE-LA-MER

Der alte Wallfahrtsort (2300 Einw.) der Roma ist heute ein boomender Ferienort mit Jachthafen, Speedstrecke für Windsurfer, Ferienhäusern und Appartementanlagen.

Sehenswert

Hauptanziehungspunkt ist die **Wehrkirche Notre Dame de la Mer** (11./12. Jh.), in der 1448 die Reliquien der beiden Heiligen Marie Jacobé und Marie Salomé entdeckt wurden (Wallfahrten am 24. Mai und Ende Okt.). Der Aufstieg auf das Kirchendach eröffnet einen Panoramablick.

Museum

Im 1876 erbauten Rathaus dokumentiert das **Musée Baroncelli** Flora, Fauna und Kultur der

Camargue und die abwechslungsreiche Ortsgeschichte (April–Sept. tgl. 10.00–12.00 und 14.00–18.00 Uhr, sonst Di. geschl.).

Hotel und Restaurants

Einst übernachteten Jäger in den reetgedeckten Rundlingshütten – heute bilden sie komfortable Unterkünfte des Hotel-Restaurants €€€ **Le Pont des Bannes** (Quartier Pont des Bannes, Route d'Arles, F-13460 Stes-Maries-de-la-Mer, Tel. 04 90 97 81 09, Fax 04 90 97 89 28, www.pontdesbannes.com).
Zwei Dutzend Restaurants machen während der Saison das Essengehen leicht.

Umgebung

Zwischen den beiden Armen der Rhône erstreckt sich der 85 000 ha große **Parc Naturel Régional de Camargue** ▶TOPZIEL (www.parc-camargue.fr) mit weiten Steppen (Sansouires), ausgedehnten Süßwassersümpfen (Rolières), Dünen und Stränden.

Information

Office de Tourisme, 5, avenue Van Gogh, F-13460 Saintes-Maries-de-la-Mer, Tel. 04 90 97 82 55, Fax 04 90 97 71 15, www.saintesmaries.com

Aigues-Mortes mit seiner Stadtmauer

04 AIGUES-MORTES

1240 beschloss der Ludwig IX. der Heilige den Bau einer Stadt, die seinem Königreich einen Zugang zum Mittelmeer verschaffen sollte: Aigues-Mortes (7100 Einw.). Acht Jahre später brach er von hier zum sechsten, letztendlich gescheiterten Kreuzzug nach Palästina auf. Wegen seiner erhaltenen Stadtmauer mit 15 Türmen und fünf Toren gehört Aigues-Mortes zu den schönsten mittelalterlichen Städten Frankreichs.

DuMont Aktiv

Sehenswert

Am frühen Abend leuchtet die 1,64 km lange **Stadtmauer** in tiefem Gold. Der Spaziergang auf den „Remparts" beginnt an der Tour Constance, einst berüchtigtes Hugenottengefängnis (http://aigues-mortes.monuments-nationaux.fr; Mai–Aug. 10.00–19.00, sonst 10.00 bis 17.30, Kasse von 13.00–14.00 Uhr geschl.). Aus dem Gewirr der Ziegeldächer erheben sich die gotische Kirche **Notre-Dame-des-Sablons** (1183) und zwei Kapellen von Bußmönchen aus dem 17. Jh. – die **Chapelle des Penitents gris** (Kapelle der Grauen Bußmönche, Mai–Sept. tgl. 14.30–18.30 Uhr) und **Chapelle des Penitents blancs** (Kapelle der Weißen Bußmönche, Juni bis Sept. tgl. 14.00–18.30 Uhr). Auf der **Place St-Louis** drängen sich Bars, Cafés und Boutiquen um die Statue Ludwigs IX. des Heiligen.

Museum

Die **Chapelle des Capucins** (1634) an der Place St-Louis zeigt als **Galerie für zeitgenössische Kunst** wechselnde Ausstellungen.

Hotel

An der Wehrmauer liegt die **€/€€ Hostellerie des Remparts** mit 19 nostalgischen Zimmern und gutem Restaurant (6, place A. France, F-30220 Aigues-Mortes, Tel. 04 66 53 82 77, Fax 04 66 53 73 77, www.hotel-camargue.fr).

Umgebung

Die Camargue dient seit der Antike der Meersalzgewinnung. Heute haben die Salinen eine Fläche von 10 800 ha und produzieren rund 500 000 t Meersalz pro Jahr. Erkundet werden können die Salinen mit den Tables salantes (Kristallisierungsbecken) und Camelles (Salzbergen) auf einer Zugfahrt ab Porte de la Gardette (März–Okt. tgl. 14.30, Juli und Aug. stdl. 10.00–17.50 Uhr) oder im Allradjeep mit einem Paludier bei der Ernte der Salzblume (www.visitesalinsdecamargue.com).

Das Fischerstädtchen **Le Grau-du-Roi** liegt zu beiden Seiten des Königskanals, der Aigues-Mortes dem Meer verbindet. 1969 wurde mit dem Bau einer Marina begonnen – heute ist **Port Camargue** mit 4600 Liegeplätzen Europas größter Freizeithafen. Wahrzeichen des Badeortes **La Grande-Motte** mit endlosen Sandstränden sind die von Jean Balladur geschaffenen „Pyramiden" – in den 1960er/1970er-Jahren terrassenförmig angelegte Hochhäuser mit Ferienwohnungen.

Information

*Office de Tourisme,
Place Saint Louis,
F-30220 Aigues-Mortes,
Tel. 04 66 53 73 00,
www.ot-aiguesmortes.fr*

Stiere, Salz und Flamingos

Die Camargue ist ein Radrevier par excellence. Besonders schön ist eine Radtour zu Stieren, Salzfeldern und rosafarbenen Flamingos im Frühjahr, wenn Wildblumen die Salzwiesen und Weiden überziehen und das Land noch üppig grün ist.

Ausgangspunkt ist der kleine Ort **05 Salin-de-Giraud**, erstes Ziel die Tourvieille, 1607 an einem Altarm der Rhône errichtet, um das Hinterland vor Piratenüberfällen zu bewahren. Schilder mit der Aufschrift „Restaurant de Poissons, Chez Marc et Mireille" weisen den Weg zum Seedeich. Dieser „Digue de Mer" führt mitten durch die amphibische Landschaft der Camargue, und von seiner Krone schweift der Blick weit über die

Étangs, wo Seidenreiher und andere Watvögel rasten. An der Kreuzung mit dem Seedeich nach Beauduc weiter geradeaus radeln bis zur einer Steinbarriere, die das Befahren des Deiches mit Fahrzeugen verhindern soll. Nach 2,5 km wird die Cabane des Flamants am Étang du Fangassier erreicht. Von der Schutzhütte aus lässt sich Frankreichs Flamingo-Kolonie – mehr als 10 000 Paare – beobachten. Weiter geradeaus bis zur Kreuzung, rechts auf die D 36c einbiegen zum Mas St-Bertrand. Nun säumen Weiden mit den berühmten schwarzen Stieren und weißen Pferden der Camargue den Weg. Rechts auf die Landstraße C 140 „La Belugue" einbiegen, am Mas Cameroun vorbei, dann links den unbefestigten Sandweg nach Faraman nehmen und zurück nach Salin-de-Giraud radeln. Wer sich für die Salzherstellung interessiert, solche auf der D 36 Richtung Plage de Piémanson noch 2 km bis zum Aussichtspunkt (rechts) fahren und einen Blick auf die Salzberge der Salins du Midi werfen.

WEITERE INFORMATIONEN

Salins du Midi, Tel. 04 42 48 81 87, www.visitesalinsdecamargue.com *Cabane des Flamants*, www.parc-camargue.fr; April–Juni. *Tourlänge*: 29 km, 3–4 Std., ebene Strecke, Seedeich mitunter nicht gut gepflegt. Leihräder gibt es an der Elf-Tankstelle, Salin-de-Giraud, Tel. 04 42 86 81 31; Mas St-Bertrand (dort auch Gästezimer **€/€€**, Tel. 04 42 48 80 69, www.mas-saint-bertrand.com.

Wilde Berge und tiefe Schluchten

Hier beginnt der Midi: Die Mittelgebirgs-landschaft zwischen Massif Central und Mittelmeer markiert in Klima und Vegetation den mediterranen Süden Frankreich und vereint zwei – seit 2011 zum Welterbe der UNESCO zählende Kulturlandschaften von ganz unterschiedlichem Reiz: die rauen, grünen Berge der Cevennen und die heißen, weiten Kalkplateaus der Causses, in die Dourbie, Jonte und Tarn spektakuläre Schluchten geschnitten haben.

Seit Jahrhunderten folgen die Schafe den selben alten Wegen hinauf zum Mont Lozère

Gorges du Tarn: Auch St-Chély-du-Tarn verbindet eine schmale Brücke
mit der Corniche am rechten Flussufer

So mancher Kletterer schätzt die bizarren Kalk-
abbrüche der Cevennen.
Vom Point Sublime oberhalb von St-Hilaire bietet
sich der wohl spektakulärste Blick in die Schlucht
Gorges du Tarn

Unterhalb der Kalkzacken:
Ste-Enimie im Tal des Tarn

Unterhalb des futuristischen Viaduc de Millau geht das Leben seinen gewohnten Gang

*Flüsse wie der Tarn haben
die Kalkplateaus der Grand
Causses zerteilt. In ihre
Gorges genannten Schluchten
stürzt sich zur Verstärkung so
mancher Wildbach.*

Sieben große Flussadern, eben „sept veines (fluviales)", durchziehen die Berglandschaft – und gaben den „Cevennen" ihren Namen. Auf seinen Stock gestützt, erzählt Benjamin Sergé Cavaillac von den Ursprüngen der Gipfel, die ihn umgeben. Seit zehn Jahren zieht der Schäfer mit seiner Herde über die Wiesen und Weiden ringsum. Céline Moureves gebietet über 90 Ziegen. Zweimal täglich werden sie gemolken. Aus ihrer Milch fertigt die Enddreißigerin kleine, nur 60 Gramm schwere Käsetaler: Pélardon, erster AOC-Käse des Languedoc. Ihre Schwester Francine pflanzt in St-Martial auf kleinen Terrassen die zweite geschützte Spezialität der Region: Oignons doux, Süßzwiebeln.

Alle drei sind typische „Cévenoles", raue und doch herzliche Menschen, die aus Überzeugung das harte bäuerliche Leben ihrer Vorfahren fortführen und bewahren. Obgleich der Tourismus auch in den Cevennen immer stärker an Bedeutung gewinnt, dominiert in den dünn besiedelten Bergen bis heute die traditionelle Landwirtschaft. Dazu gehört auch die Transhumanz, die Wanderviehwirtschaft. Über uralte Viehwege, Draille genannt, ziehen die Herden im Juni von ihren Winterquartieren im Tal hinauf zu den Sommeralmen am Mont Lozère und Mont Aigoual, auf denen zwischen Kalk, Gneis und Granit würzige Kräuter und saftige Gräser wachsen.

BROT- UND GOLDBÄUME
Die Cevennen sind bis heute eine einsame und arme Region. Um die Ernährung der Bevölkerung zu sichern, wurden bereits im Mittelalter gezielt Kastanien gepflanzt; im 16. Jahrhundert war er zum vorherrschenden Baum der Bergregion geworden. Der „Brotbaum" stillte nicht nur tagein, tagaus den Hunger der Gebirgler, sondern auch den ihrer Tiere. Gelagert wurden die Esskastanien in der „Cleda", zweistöckigen Speichern am Haus oder mitten im Hain, in denen bis zu zehn Tonnen Kastanien getrocknet werden konnten. Mehr als 200 Kastaniensorten wuchsen einst in den Cevennen. 1875 vernichtete die Tintenkrankheit große Bestände; in den 1950er-Jahren zerstörte der aus den USA eingeschleppte Rindenkrebs viele Bäume. Heute pflegt die Nationalparkverwaltung die alten Haine.

Die Arme-Leute-Frucht hat längst als regionale Spezialität Karriere gemacht, das Holz als begehrtes Baumaterial. Alles wurde einst verwendet: Aus den Ästen entstanden Körbe, das Laub diente im Stall als Einstreu, die Maroni sogar in manchen Tälern als Zahlungsmittel. Von der Wiege bis zum Grab

Eine Flussschleife längst vergangener Zeiten: Blick in den Cirque de Navacelles in der Montagne de la Seranne

Auch der Hérault hat manche Schlucht in den Kalk gefräst, den verzweigte Tropfsteinhöhlensysteme durchziehen. Eine ist die Grotte de Glamouse bei St-Guilhem-le-Désert

Cevennen-Landschaft des Mont Lozère – hier bei Le-Pont-de-Montvert
oberhalb der Nationalstraße 106

Wege aus dem Liebeskummer

Robert Louis Stevenson litt 1878 unter Liebeskummer – und sah als einzigen Ausweg eine Wanderung durch die Cevennen.
Fasziniert vom Volksaufstand der Camisarden, begann der aus Paris kommende 27-Jährige mit seinem Packesel Modestine und einem Buch über die Geistlichen des „Désert" im Gepäck seine Wanderung am 22. September 1878 bei Le Puy. Zwölf Tage lang marschierte der Autor der „Schatzinsel" stramm durch das Zentralmassiv und durch die herbe Landschaft der Margeride, folgte dann dem Pilgerweg Voie Régordane und erreichte schließlich in St-Jean-du-Gard die „Cevennen der Cevennen". Seinen Spuren folgt heute als „Stevenson-Weg" der 252 Kilometer lange Grand Randonnée N° 70 – und wie einst können Esel zum Gepäcktransport gemietet werden.

begleitete die Kastanie das Leben der Cévenoles" – und prägte ihre Sitten und Kultur. Bei „Afachadas", dem Rösten der Frucht, wurden am Feuer Geschichten erzählt. Liebespaare nutzten hohle Kastanienbäume als Briefkasten; während der hugenottischen Camisarden-Kriege hielten die Aufrührer ihre konspirativen Treffen im Schutz der Kastanienhaine ab.

Als „Goldbaum" galt der Maulbeerbaum, der die Cevennen im 18. Jahrhundert zum Zentrum der Seidenraupenzucht machte. Aufgrund mangelnder hygienischer Verhältnisse wurden die Seidenraupen jedoch bald von der sich schnell ausbreitenden Fleckenkrankheit befallen. Als Louis Pasteur 1867 ein Gegenmittel fand, war es zu spät: Die Industrie importierte bereits den Rohstoff für die Seidenherstellung aus China und Japan.

DAS REICH DER SCHAFE

Die plötzlich im Westen aufsteigenden Kalkebenen der Causses, gnadenlos heiß unter der Sommersonne, windgepeitscht und eisig im Winter, sind das Reich der Schafe. Ihr Fleisch wird von Gourmets geschätzt, ihre Milch reift in Höhlen zum Roquefort-Käse, ihre Wolle wird im Tarntal gesponnen, ihre Häute in feinste Jacken, Taschen und Handschuhe verwandelt. Tief haben sich die

Schluchten von Tarn, Jonte und Dourbie in die wilde Karstlandschaft eingeschnitten und vier eigenständige Causses geschaffen.

Der Causse du Larzac war über Jahrhunderte in den Händen des Templer- und Hospitaliterordens, der 1240 die Komturei von St-Eulalie-de-Cernon gründete. Später dehnten die Soldatenmönche ihre Macht nach La Couvertoirade, La Cavalerie und Viala-du-Pas-de-Jaux aus. Gezielt fördern sie die Land- und Viehwirtschaft, um ihre Kreuzzüge gen Jerusalem zu finanzieren. Geschicktes Wirtschaften, aber auch Schenkungen geneigter Gönner, verhalfen zu Wohlstand. Während weiter südlich die Katharer verfolgt wurden, stiegen die Templer zu den Bankiers des Königreiches auf. Doch auch hier sorgte der Erfolg rasch für Neid und Missgunst, üble Nachrede machte die Runde. Am 14. Oktober 1307 wurden sämtliche Templer verhaftet und verurteilt; 1312 wurde der Orden aufgelöst und der Großmeister Jacques de Molay auf der Île de la Cité in Paris lebendig verbrannt. Die Besitzungen der Templer gingen jedoch nicht an die Krone, sondern an die Johanniter, die bis 1792 auf dem Causse de Larzac herrschten – und während des 100-jährigen Krieges gegen England die fünf Templerorte zu Festungen ausbauten.

Auch in kleinen Orten ist leibliches Wohl sichergestellt:
St-Guilhem-le-Désert in den Gorges de l'Hérault

Vorbei an St-Guilhem-le-Désert führt der Pilgerweg Via Tolosana,
eine französische Route des Jakobswegs

Spröder Charme prägt die Cevennen-Orte, so auch St-Guilhem-le-Désert,
das sich um eine zu Beginn des 9. Jahrhunderts gegründete Abtei schart

BRÜCKE DER SUPERLATIVE

Bindeglied zwischen den Bergen der Cevennen und den Hochflächen der Causses ist eine Brücke der Superlative: das Viadukt von Millau – mit 2,4 Kilometern längste und höchste Hängebrücke der Welt, eine gewaltige Konstruktion aus 36 000 Tonnen Stahl und 85 000 Kubikmeter Beton, die auf sieben Pylonen leicht und filigran im Wolkenmeer über dem Tarntal zu

Der Cevennen-Naturpark ist ein kostbares Refugium reicher Pflanzen- und Tierwelt. Majestätische Greifvögel, darunter sogar wieder Geier, kreisen über den Bergrücken.

schweben scheint. Ihr Architekt war Sir Norman Foster, Bauträger die von Gustave Eiffel gegründete Firma Eiffage. Sie übernahm auch die Baukosten von 400 Millionen Euro – und erhielt im Gegenzug für 75 Jahre eine Mautkonzession. Im Dezember 2004 wurde die neue Brücke eingeweiht. Seitdem ist sie ein Besuchermagnet.

Tief im Tal liegt Millau, Frankreichs Hauptstadt für Handschuhe, wo im frühen 20. Jahrhundert rund 150 „Gantiers" etwa fünf Millionen Paar herstellten. Heute haben nur wenige glanzvolle Namen überlebt: Olivier Fabre, Lieferant für Hermès und Dior, und das 1892 gegründete Maison Causse, das Hermès, Chanel, Louis Vuitton, Givenchy, Longchamp und Christian Lacroix jährlich mit 25000 Paar Handschuhen versorgt – handgenäht aus Nubuk, Python, Krokodil, Pekari und der Lammhaut der heimischen Lacaune-Schafe. Auf die Modelle des Maison Causse schwört neben Madonna auch Karl Lagerfeld, der gleich 200 Modelle seiner fingerkuppenfreien Handgeschirre namens „Mitaines" orderte – für den persönlichen Gebrauch.

König Käse

Ein Hirte vergaß in der Hoffnung auf ein Schäferstündchen sein belegtes Brot – und erfand so Frankreichs berühmtesten Käse: den Roquefort. Diderot und Voltaire schätzten den königlichen Stinker, Casanova lobte ihn als Aphrodisiakum.

Es geschah vor mehr als 2000 Jahren: Ein Hirte, der sein Mittagsmahl gerade in eine Felsgrotte gelegt hatte, um es frisch zu halten, bemerkte ein junges, wunderschönes Mädchen. Tagelang folgte er ihr – bis sie plötzlich am Horizont der Hochebene verschwand. Als er zur Grotte zurückkehrte, war das Roggenbrot verschimmelt, sein Käse von zartgrünen Äderchen durchzogen. Doch da er hungrig war, probierte er den Käse. Und war begeistert: Sein einfacher Schafskäse hatte sich in eine Köstlichkeit verwandelt. Schon Karl der Große aß ihn, später Rabelais, Diderot und Voltaire.

DAS GEHEIMNIS DES HÖHLENKÄSES

Mythos und Tradition umgeben bis heute die Herstellung des Edelpilzkäses – moderne industrielle Methoden sind den traditionsbewussten Käsemachern ein Dorn im Auge. Als vor 200 000 Jahren das Combalou-Gebirge zusammenstürzte, entstand ein rund zwei Kilometer langer Felssturz, dessen Höhlen und Grotten bis in 300 Meter Tiefe reichen. Diese natürlichen Höhlen, zu Veredlungskellern ausgebaut, bergen das Geheimnis des Roquefort: Das ganze Jahr hindurch zieht dank der Felsspalten, von den Einheimischen „Fleurines" genannt, Luft durch die Keller.

Besondere Kriterien gelten bei der Herstellung auch für die verwendete Schafsmilch. Sie muss von den Lacaune-Schafen stammen, jenen Schafen, deren Fell auch für die Handschuhherstellung in Millau verwendet wird, die im Umkreis von rund 200 Kilometern rund um das Dorf Roquefort in den Départements Aveyron, Lozère, Gard, Hérault und Tarn auf der Causse de Larzac

In Roquefort-sur-Soulzon ist Käse in seiner vielfachen Erscheinungsform eine Wissenschaft für sich

„Oh, wie ausgezeichnet ..., um die Liebe wiederherzustellen und eine keimende Liebe rasch zur Reife zu bringen", schwärmte Casanova.

grasen. Jedes Muttertier gibt jedoch nur von Januar bis Juli Milch – danach beginnt die Tragezeit. So ist auch die Käseproduktion auf diesen Zeitraum beschränkt. Während im März mit 3000 Tonnen die Herstellung auf Hochtouren läuft, ruhen von August bis Dezember die Maschinen.

In Zinnfolie eingepackt, kann der Schafsmilchkäse
in Ruhe reifen

Neben der Rohmilch, die mit 7,2 Prozent deutlich fettreicher als Kuhmilch ist, wird ein Pilz namens Penicillium roqueforti zur Käseherstellung benötigt. Dieser Pilz wird bis heute so kultiviert, wie es die Legende überliefert hat: auf Roggen- und Weizenbrot. Seine Sporen werden der auf 32 °C erhitzten Milch zugegeben. Nach rund zwei Stunden ist sie zu einer Käsemasse geronnen, die mit einer Käseharfe in Würfel zerschnitten wird. Der Käsebruch wird umgerührt, von der Molke getrennt, und in

BESUCH BEIM KÄSEMEISTER

Der Name „Roquefort" ist seit 1863 geschützt, 1925 erhielt er als erster Käse das AOC-Prädikat – dieses Gütesiegel wurde bisher nur 46 Käsespezialitäten in Frankreich verliehen.

Caves Roquefort Société, 2, Avenue Frédéric Galtier, F-12250 Roquefort-sur-Soulzon, Tel. 05 65 59 93 30, www.roquefort-societe.com; April–Sept. tgl. 9.00–18.00, sonst 9.30–12.00, 13.30–16.30 Uhr.
Cave Papillon, 8 bis, Avenue de Lauras, F-12250 Roquefort-sur-Soulzon, Tel. 05 65 58 50 08, www.visite-roquefort-papillon.com; Juli und Aug. tgl. 9.30–18.30, April–Juni und Sept. tgl. 9.30 bis 11.30 und 13.30–17.30 Uhr, sonst kürzer.
Roquefort Gabriel Coulet, Place de l'Église, F-12250 Roquefort-sur-Soulzon, Tel. 05 65 59 90 21, www.gabriel-coulet.fr; Juli und Aug. tgl. 9.00–19.30, Jan.–Juni und Sept. bis Dez. 9.30–12.30 und 13.30–17.30 Uhr

Käseformen gefüllt und gepresst. Im 18 °C warmem Abtropfraum entweicht zwei Tage lang Flüssigkeit, bevor der Laib mehrmals mit Meersalz eingerieben wird. Diese Vorarbeiten erfolgen in zahlreichen Molkereien der Region. Zum echten Roquefort wird der Laib jedoch erst in den Höhlen von Roquefort, in die er zum Reifen gebracht wird.

EIN KÖNIGLICHER STINKER

Wenn sie ankommen, sind die Laibe noch weiß und fest. Zum Belüften werden sie mit 32 dünnen Nadeln durchstoßen. Es entstehen dabei feine Kanäle, durch die bei der Fermentation Kohlensäure entweichen und die Kellerluft in die Käse eindringen kann. Ihre frische, gleich bleibende Temperatur von 8 bis 10 °C und eine relative Luftfeuchtigkeit von 95 Prozent bieten dem Roquefortpilz ideale Bedingungen, den Käse gleichmäßig zu durchdringen. Aufrecht in Eichenregale gestellt, reifen so die Laibe drei bis vier Wochen lang. Danach wird der Käse von Hand in eine dicke, geschmeidige Zinnfolie gewickelt. Von der Umgebungsluft isoliert, wird das Wachstum des Schimmelpilzes gebremst, und der Roquefort erhält seinen vollen, würzigen Geschmack.

Je nach Lagerzeit werden drei Sorten unterschieden: Der „Abeille" ist nach fünf Monaten ausgereift, der „Templiers" nach sechs, für den „Baragnaudes" beträgt die Reifezeit acht Monate. Exportiert wird jedoch nur die Sorte „Cave Abeille" – die beiden anderen vertragen keinen weiteren Transport. Doch wie unvergleichlich köstlicher sie schmecken, zeigt der Kellermeister am Ende des Rundgangs bei der Verkostung mit süffig-süßem Sauternes.

An der Nordseite der kalkige Hochebene zwischen dem Massif Central und dem Mittelmeer reift eine regionale Variante des Roquefort: der Bleu des Causses. Er wird seit dem 19. Jahrhundert aus Kuhmilch – statt Schafsmilch – hergestellt. Auch durch seine Höhlen ziehen feuchtkalte Luftströme, die den Käse aufblühen lassen und einen milden, aber intensiven Geschmack verleihen.

Rührei mit Roquefort – hier delikat verpackt
in hauchdünnen, aus der türkischen Küche
bekannten Filloteig

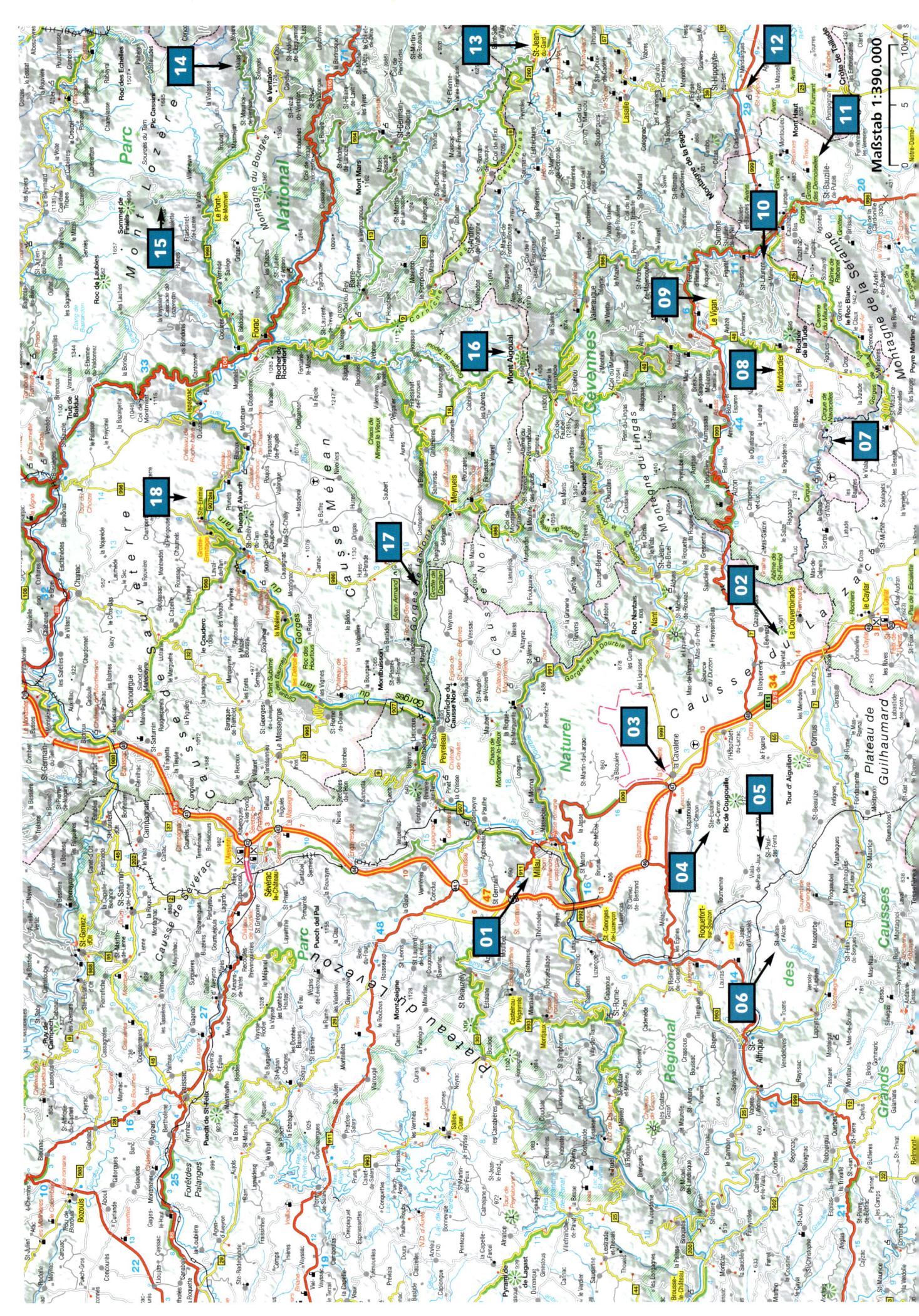

Frankreichs wilder Süden

„Midi moins le quart", noch nicht ganz im Süden, liegt das Bergland der Cevennen mit seinen schroffen Gipfeln, tiefen Tälern, grünen Wiesen und ausgedehnten Wäldern. Im Westen schließen sich die Hochflächen der Causses an – Heimat der Tempelritter, die von dort zu Kreuzzügen ins Heilige Land aufbrachen.

La Couvertoirade, einer der alten Templerorte

01 MILLAU

An der Mündung der Dourbie in den Tarn lag zu Römerzeiten das bekannte Töpferzentrum Graufesenque. Im Mittelalter begann die Handschuh-Herstellung. Heute ist die Welthauptstadt der Fingerbekleidung (22 900 Einw.) eher für ein spektakuläres Bauwerk bekannt: den Viaduc de Millau – die höchste und längste Schrägseilbrücke der Welt.

Sehenswert

Der von Lord Norman Foster entworfene **Viadukt** überquert in 270 m Höhe im Verlauf der A 75 das Tarntal und lässt sich auf vielen Wegen entdecken: bei einer Bootsfahrt zum Felsendorf Peyrre und zum höchsten Brückenpfeiler P2 mit Les Bateliers du Viaduc (www.bateliersduviaduc.com), bei technischen Führungen, die am Besucherzentrum Viaduc Espace Info beginnen, der Brückenausstellung in der Halle Millau Viaduc (Place de la Capelle).

Museen

Lederverarbeitung und Handschuhherstellung haben eine lange Tradition in Millau. Einblicke in die Handwerkskunst vermitteln das **Atelier du Gantier** (21, rue Droite, Mo.–Fr. 9.00–12.00, 14.00–19.00 Uhr, www.atelierdugantier.fr, Vorführungen nach Voranmeldung: contact@ atelierdugantier.fr), der Familienbetrieb **Calvi-Millau** (14, Impasse de la Paulèle, Mo.–Sa. 9.00 bis 12.00, 14.00–18.30 Uhr, www.calvimillau.fr, Vorführungen nach Voranmeldung: calvi.millau @wanadoo.fr), das **Maison Causse** (5, bd. des Gantiers, Mo.–Fr. 9.30–12.00, 14.00–19.00 Uhr, www.causse-gantier.fr, Vorführungen nach Voranmeldung: info@causse-gantier.fr), **Héran Industry** (35 avenue Gambetta, Juni–Sept. Di., Do. 9.00–12.00, 14.30–17.30 Uhr, www.gants equipementsprotectioncuir.com, nach Voranmeldung unter Tel. 05 65 60 15 33 oder E-Mail heran.industry@wanadoo.fr), das **Maison Fabre Gantier** (20, bd. Gambetta, Do. 14.30 Uhr, www.maisonfabre.com) und das **Musée de Millau** (Place du Maréchal Foch; tgl. 10.00 bis 12.00, 14.00–18.00 Uhr).

Aktivitäten

Millau ist Frankreichs Outdoor-Hauptstadt. Für Adrenalinkicks sorgen Klettersteige, Wildwasserfahrten auf Tarn und Dourbie, 400 km Radwege für Mountain-Bike, 650 km Wanderwege sowie die 1200 km Reitwege im Aveyron. Gleitschirm- und Drachenflieger starten am Pouncho d'Agast am östl. Stadtrand.

Einkaufen

Handgefertigte **Handschuhe** aus feinstem Leder gibt es bei Causse Gantier (5, boulevard des Gantiers, www.causse-gantier.com), Calvi Millau (14, impasse de la Paulèle, www.calvimillau.fr) und im Atelier du Gantier (21, rue Droite, www.atelierdugantier.fr).

Hotels und Restaurants

Am Ortsausgang von Millau Richtung Viadukt bietet das €€ **Château de Creissels** nostalgische Zimmer im Schloss (17. Jh.), moderne im Anbau sowie leckere regionale Küche im €€€ Gewölbekeller (Route de St-Affrique, F-12100 Creissels, Tel. 05 65 60 16 59, www.chateau-de-creissels.com). Willkommen im 15. Jh. – im €/€€ **Manoir de Montesquiou** wird im Ritterzimmer oder in der Kemenate der Comtess geschlafen (F-48210 La Malène, Tel. 04 66 48 51 12, www.manoir-montesquiou.com). Grundsolide und sauber ist der Landgasthof € **Auberge du Moulin**; seine vorzügliche €/€€ Küche mundet besonders gut auf der Terrasse mit Blick auf den Tarn (F-48210 Ste-Enimie, Tel. 04 66 48 53 08, www.aubergedumoulin.free.fr).

Umgebung

Fachwerkhäuser mit Erkern, Steine mit Ornament-Skulpturen, kunstvolle Türen und Überreste von Türmen, Stadttoren und anderen Zeugnissen der gallo-römischen Siedlung Condatomagus am Zusammenfluss von Tarn und Dourbis lassen sich 2 km südl. in der Ausgrabungsstätte **Graufesenque** besichtigen (Avenue Balsan, www.lagraufesenque.com; Juli und Aug. Di.–So. 10.00–12.30 und 14.30–19.00, Mai, Juni und Sept. Di.–So. 10.00–12.00 und 14.00–18.00 Uhr, sonst Di.–So. 10.00–12.00 und 14.00–17.00 Uhr).

20 km südl. liegt **Roquefort-sur-Soulzon**, die Heimat der weltbekannten Käsesorte (s. S. 44). In die faszinierende Welt der Insekten entführt **Micropolis** (St-Léons, 15 km nordw. an der D 911, www.micropolis-aveyron.com, Juli/Aug. tgl. 10.00–19.00, April–Juni bis 18.00, sonst bis 17.00 Uhr; Mitte Nov.–Mitte Feb. geschl.).

Die **Gorges de Tarn** nordöstl. von Millau gehören zu den schönsten Flusslandschaften Frankreichs. Bis zu 400 m tief hat sich der Tarn auf 80 km Länge in die Karstebenen der Causses hinein gegraben. Mit Kurven und Kehren windet sich die D 907 bis am rechten Flussufer durch die Schlucht. Ihren Eingang bewacht das Château de Peyrelade (12. Jh.), dessen Mauerwerk mit dem Fels verschmolzen zu sein scheint (Boyne, Tel. 05 65 59 74 28; Führungen Mitte Juli–Mitte Aug. tgl. 10.00–18.00, Juni bis Mitte Juli und Mitte Aug.–Mitte Sept. tgl. 10.00–12.00 und 14.00–18.00 Uhr). Bei Les Vignes klettert die D 995 hinauf zum Point Sublime und bietet Ausblicke auf die Tarnschlucht, den Talkessel Cirque des Baumes und die „Détroits" genannten Engen. Weitere schöne Aussichten bieten sich vom Roc des Hourtous und Roc de Serre am linken Ufer. In La Malène lädt die letzte französische Flussschiffer-Genossenschaft „Confrérie de Bateliers" zur Barkenfahrt auf dem Tarn (Les Bateliers de la Malène, La Malène, Tel. 04 66 48 51 10, www.gorgesdutarn.com; April–Okt.).

Information

Office de Tourisme, 1, place du Beffroi, F-12103 Millau Cedex, Tel. 05 65 60 02 42, Fax 05 65 60 95 08, www.ot-millau.fr Office de Tourisme Gorges du Tarn, F-48210 Ste-Enimie, Tel. 04 66 48 53 44, www.gorgesdutarn.net

02 – 06 TEMPLERORTE

Auf der kargen, Wind zerzausten Hochfläche von Larzac haben Templer und Johanniter ihre Spuren hinterlassen. Ihre Burgstädte sind Kleinode mittelalterlicher Kultur, in denen die Zeit der Kreuzzüge wieder lebendig wird. Zu den Stätten führt die Rundroute „Circuit du Larzac templier et hospitalier".

Sehenswert

Die einstige militärische Macht der Templer spiegelt das Städtchen 02 **La Couvertoirade** am besten wider, das noch vollständig von einer begehbaren Stadtmauer mit vier Türmen umschlossen wird (www.lacouvertoirade.com, Juli und Aug. tgl. 10.00–19.00, April bis Juni und Sept. und Okt. 10.00–12.00 und 14.00 bis 18.00, März tgl. 10.00–12.00 und 14.00 bis 17.00 Uhr). Steile, in den Fels geschlagene

Infos

Steintreppen führen zur Église St-Christophe (14. Jh.), zum Friedhof und zur Schlossruine der Templer (12. Jh.). Hinter dem Dorf befindet sich eine der schönsten Schaftränken (Lavogne) der Umgebung. Mitten in der Restaurierung befindet sich die Stadtmauer und der alte Kern von **03 La Cavalerie** (www.lacavalerie.fr), ein Templerstädtchen an einer antiken Nord-Süd-Achse, die über das Hochplateau zu den Mittelmeerhäfen führte und so Okzident und Orient verband. Sämtliche landwirtschaftlichen Güter und Erzeugnisse der Templer wurden ab 1159 zentral in **04 Ste-Eulalie-de-Cernon** (www.ste-eulalie-larzac.com) verwaltet. Ein Besuch der Komturei zeigt, wie im Lauf der Jahrhunderte die schmucklose Nüchternheit der Templerbauten der etwas repräsentativeren Architektur der Johanniter wich. In **05 Viala-du-Pas-de-Jaux** (http://vialadupasdejaux.e-monsite.com) wurde während des 100-jährigen Krieges anstelle einer Wehrmauer ein fünfstöckiger Wehrturm zum Schutz gegen feindliche Angriffe gebaut, von dem sich heute herrliche Ausblicke auf das Acker- und Weideland der Causses bietet. Das von vier Ecktürmchen begrenzte Viereck der Stadtmauer von **06 St-Jean-d'Alcas** (www.aveyron.com/templier/alcas.html) bot zwei parallelen Straßen mit nahezu identischen Häusern Schutz.

Museum

Den Ehrensaal der **Commanderie** von Ste-Eulalie-de-Cernon schmücken Wandteppiche von Anne-Marie Letort, die anderen Räume Wappen, Gewänder und Hausrat der Templerritter (www.ste-eulalie-larzac.com; Juli/Aug. tgl. 10.00–19.00, Ostern–Juni, Sept. und Okt. tgl. 10.00–12.00 und 14.00–18.00 Uhr).

Aktivitäten

Zwei stillgelegte Gleisstrecken (4 km/8 km) mit Panoramablicken auf das Cernon-Tal lassen sich mit dem **Vélo rail du Larzac** befahren (Ste-Eulalie-du-Cernon, www.veloraildularzac.com; April–Okt., Reservierung empfohlen). Angeboten werden auch geführte Wanderungen auf den Spuren der Tempelritter (www.conservatoire-larzac.fr). Nicht nur in der Bretagne, auch auf den Causses gibt es außergewöhnlich viele **Menhire und Dolmen,** die vor mehr als 4000 Jahren aufgestellt und angelegt worden sind. Auf dem Causse du Sauveterre führt ein 17 km langer Rundweg durch die weite, einsame Landschaft zu den Dolmen. Ein zweiter, 13 km langer Wanderweg leitet durch das angrenzende herbe Gebirge des Mont Lozère nach Les Bondons, wo 154 Menhire stehen.

Einkaufen

Mundgeblasene Glas-Objekte gibt es bei **Verre Jas** (La Couvertoirade, Tel. 05 65 62 20 87).

Hotel und Restaurant

In der €/€€ Gaststube prasselt das Kaminfeuer, im Teller dampft eine „Garbure", Komfort und Ruhe prägen die vier Zimmer – die € **Auberge La Cardabelle** ist urgemütlich (F-12230 Ste-Eulalie-de-Cernon, Tel. 05 65 62 74 64, www.auberge-la-cardabelle.com).

Information

Office du Tourisme – Larzac, Templier, Causses et Vallées, F-12230 La Couvertoirade, Tel. 05 65 62 23 64, Fax 05 65 62 12 82, www.ot-larzac-vallees.fr; Parc Naturel Régional des Grands Causses, 71, boulevard de l'Ayrolle, F-12101 Millau Cedex, Tel. 05 65 61 35 50, www.parc-grands-causses.fr

07 – 17 CEVENNEN

Als einziger der fünf Nationalparks Frankreichs liegt er nicht im Hochgebirge: der 3213 km² große Parc National des Cévennes, der seit 1970 die tiefen Schluchten, grünen Hügel, Wälder und die offenen Kalksteinplateaus der Causses schützt. Höchste Erhebungen sind der Mont Lozère (1700 m), der Mont Aigoual (1567 m) und der Causse Méjean (1000 bis 1200 m).

Sehenswert

Zwischen dem Causse du Larzac und dem Causse de Blandas hat der Fluss Vis tiefe Schluchten in das Kalkplateau eingegraben. Eine seiner Schleifen wurde vor rund 6000 Jahren abgeschnitten – der Fluss floss dort nicht mehr im Bogen, sondern stürzte sich als Wasserfall über die Kalksteinklippe: Es entstand der **07 Cirque de Navacelles** ▶TOPZIEL. Den besten Blick auf das Naturwunder bietet sich vom 3 km entfernten Belvédère de Blandas. Zum **16 Mont Aigoual**, im 19. Jh. aufgeforstet,

Landschaft der Causse du Larzac

windet sich die D 48/18/269 als 15 km lange Panoramastrecke mit dem Aussichtspunkt Belvédère de la Cravate. Phantastisch ist auch die Fernsicht vom 1567 m hohen Gipfel, dessen Wetterstation ein kleines Museum (Mai–Sept. 10.00–19.00 Uhr) birgt mit alten Messinstrumenten, Messdaten und Fotos des Massivs vor der Wiederaufforstung.

Typische Cevennendörfer sind **14 Vialas** und **15 Mas Camargues** (nördl. Le Pont-de-Montvert), wunderschön ist auch **08 Montdardier** am Causse de Blandas. In **10 St-Laurent-le-Minier** wurden ab dem Mittelalter Gold und Silber, Kupfer, Blei, Eisen und Zink abgebaut.

Faszinierend ist auch die Unterwelt der Causses, wo Sickerwasser und unterirische Flussläufe verzweigte Höhlensysteme geschaffen haben. Mit einer offenen Drahtseilbahn geht es hinab zur **11 Grotte des Demoiselles** (St-Bauzille-de-Putois, Tel. 04 67 73 70 02, www.demoiselles.com; Juli/Aug. tgl. 10.00–19.30, April bis Juni, Sept. tgl. 10.00–19.00, März, Okt. Mo. bis Sa. 14.30–18.00, So. 10.00–18.00, Nov. bis Feb. Mo.–Sa. 14.00–17.30, So. 10.00–17.30 Uhr). Die imposante, rund 1600 m lange Tropfstein- **17 Grotte de Dargilan** ▶TOPZIEL wird wegen ihrer leuchtenden Rottöne auch „rosa Grotte" genannt (Meyrueis, Tel. 04 66 45 60 20, http://grotte-dargilan.com; Juli/Aug. tgl. 10.00 bis 18.00, April–Juni und Sept. tgl. 10.00–17.00, Okt. tgl. 10.00–16.00, Herbstferien tgl. 14.00 bis 16.00 Uhr; neu: barrierefreie Besichtigung „3eme âge"). In der weiter nördl. gelegenen **Aven Armand** ragen 400 Stalagmiten auf; der längste ist 30 m hoch (Meyrueis, Tel. 04 66 45 61 31, www.aven-armand.com; Juli und Aug. tgl. 9.30–18.00, März–Juni und Sept.–Nov. tgl. 10.00–12.00 und 13.30–17.00 Uhr).

Museen

Der Esskastanienanbau, die Seidenraupenzucht und andere traditionelle Wirtschaftszweige der Cevennen dokumentiert das

Musée Cévenol in `09` Le Vigan (1, rue des Cal-
quières, Tel. 04 67 81 06 86, http://viganais.free.
fr/viganais/bienvenue.htm; Jul./Aug. Mi–Mo.
10.00–13.00, 15.00–18.30, Apr.–Juni, Sept./Okt.
Mi.–Fr. 10.00–12.00, 14.00–18.00 Uhr). Einblicke in das Leben von einst gewährt auch das
Musée des Vallées Cevenoles in `13` St-Jean-
du-Gard (Grande Rue, Tel. 04 66 85 10 48,
http://museedesvalleescevenoles.pagespersoo-
orange.fr; Juli/Aug. tgl. 10.00–19.00, April–Juni,
Sept./Okt. 10.00–12.30, 14.00–19.00, sonst Di.
und Do. 9.00–12.00, 14.00–18.00, So. 14.00 bis
18.00 Uhr). Das Musée de la Soie in `12` St-
Hippolyte-du-Fort erläutert Geschichte und
Technik der Seidenherstellung, man kann sich
auch selbst in der Seidenzucht versuchen – die
Eier dazu werden Ende April verkauft und auch
per Post versandt (Place du 8 Mai, Tel.
04 66 77 66 47, www.museedelasoie-cevennes.
com; Juli/Aug. Mo.–Fr. 10.00–12.00, 14.00 bis
18.00, So. 14.00–18.00, Sept.–Dez. Di.–So.
10.00–12.30, 14.00–18.00 Uhr). In die Vergangenheit des Bergbaus entführt die Mine Te-
moin (Chemin de la Cité Sainte-Marie, Alès,
Juli/Aug. tgl. 10.00–19.00, Mitte Feb.–Juni,
Sept.–Mitte Nov. 9.30–12.30, 14.00–18.00 Uhr).

Aktivitäten

Durch den Nationalpark führen fünf Großwan-
derstrecken (GR), der Themenweg „Auf den
Spuren Stevensons in den Cevennen" – der
Schriftsteller war mit seiner Eselin Modestine
1878 diesen Weg gegangen, die „Rundtour auf
dem Causse Mejean" sowie eine Vielzahl
kürzerer Wanderstrecken. Geführte Ausritte,
u. a. mit dem Reiterhof Cheval Vert (Arrigas,
westl. von La Vigan, Tel. 04 67 82 05 59, www.
chevalvert.com). Zahlreiche Flussbadestellen
bieten das Vis-Tal und die Tessonne.

Hotel und Restaurant

Françoise du Luc hat ihren Familiensitz € Château Massal für Gäste geöffnet und empfängt
sie zum Apéritif im Salon. Die vier Zimmer im
Schlossturm sind komfortabel und voll nostal-
gischem Charme; zum Frühstück gibt es feins-
tes Porzellan und Silberbesteck (Le Luc, F-
30120 Bez-et-Esparon, westl. Le Vigan, Tel./Fax
04 67 81 07 60, www. cevennes-massal.com).
Regionale Produkte wie den Ziegenkäse Pélardon, süße Zwiebeln und Esskastanien verarbeitet Sirma Bamassé im €€/€€€ Le Jardin
zu raffinierten Gerichten (10, rue du Four,
F-30120 Le Vigan, Tel. 04 67 81 28 96).

Information

Parc National des Cévennes, www.cevennes-
parcnational.fr; Office de Tourisme des Ceven-
nes Meridonales, Maison de Pays, Place du
Marché, F-30123 Le Vigan, Tel. 04 67 81 01 72,
www.cevennes-meridionales.com

DuMont Aktiv

In den Gorges du Tarn

*Der 380 Kilometer lange Tarn, der auf dem Hochplateau des Mont
Lozère entspringt und bei Moissac in die Garonne mündet, ist berühmt
für seine Schluchten, die sich nördlich von Millau in den Fels gegraben
haben – zwischen Ste-Enimie und Le Rozier erreichen die steilen Felswände Höhen bis zu 400 Meter.*

Besonders beeindruckend zeigen
sich die Tarn-Schluchten auf einer
Paddeltour, die je nach Pegelstand
von Ostern bis Oktober möglich
ist. Ausgangspunkt ist `18` Ste-Enimie. Die Tagestour kann beliebig
verkürzt oder verlängert werden –
alle Bootsvermieter bringen die
Ausflügler mit ihren Leihkanus
mit Kleinbussen zurück zum Aus-
gangsort, ein Anruf genügt! Ein
idealer Einsatzort ist beim
Campingplatz von Ste-Enimie am
Flusskilometer 60. Durch ruhiges
Wasser, das mitunter den niedrigs-
ten Schwierigkeitsgrad Wildwasser I (unschwierig) erreicht,
geht es bis zum 13 km entfernten
Wehr, das Könner überfahren –
die anderen umtragen ihr Boot
links. Bei Flusskilometer 73,3 beginnen die eigentlichen „Gorges
du Tarn" – und damit auch die
kommerzielle Barkenfahrt. Bei Pas
de Souci (82,6 km) verschwindet
das Wasser unter einem mächti-
gem Felssturz – hier sollten nur
Könner ihr Boot bis zum Cam-

Geruhsame Tarn-Tour: Barke statt Kajak

pingplatz (km 84) umtragen und
noch die 10 km lange Schwell-
strecke (Wildwasser II, mäßig
schwierig) genießen, Anfänger
hingegen die Paddeltour beenden.
Das offizielle Ende der Tarnschlucht ist dann bei Le Rozier
(94,6 km) erreicht.

WEITERE INFORMATIONEN

Tourdauer: Ste-Enimie – Pas de
Souci ca. 6 Std., Ste-Enimie – Le
Rozier am besten als Zweitages-
tour fahren. Wem das nicht reicht,
der paddelt weiter flussabwärts
unter dem Viadukt von Millau
hindurch bis St-Rôme-du-Tarn.

Leihkanus: Canoë Canyon,
F-48210 Ste-Enimie,
Tel. 04 66 48 50 52,
www.tarn-canoe.com
Le Moulin de la Malène, Location
de canoë, F-48210 La Malène, Tel.
04 66 48 51 14, www.canoeblanc.com

Boomtown an der Badeküste

Mit ungestümem Elan prescht die Hauptstadt des Languedoc-Roussillon in die Zukunft, jung und dynamisch wie seine Bevölkerung, die an der zweitältesten Universität des Landes studiert oder im Silicon Valley des Südens arbeitet. Vor der Stadt locken die Badestrände der Camargue, die Austern- restaurants in Sète und Wanderwege durch die nach Thymian und Rosmarin duftende Garrigue.

Im Glanz der Belle Epoque zeigt sich Montpellier an der Place de la Comédie

Hinter der Fontaine des Trois Grâces ragt auf der Place de la Comédie Montpelliers Opernhaus auf, 1888 nach dem Pariser Vorbild errichtet

Die ursprünglich barocke Proménade du Peyrou wird vom Château d'Eau begrenzt, einem „Tempel des Wassers". Letzteres wird seit bald 250 Jahren über einen Aquädukt herangeführt

„On va faire l'œuf", ruft man sich in Montpellier zu: Treffen wir uns auf dem „Ei"! Spätestens nachts erkennt man, warum die zentrale Place de la Comédie ihren Spitznamen erhielt: Ein blaues Lichtband im Pflaster zeichnet die Eiform des ovalen Platzes nach. Straßencafés, Bistros, Bürgerhäuser der französischen Gründerzeit und die dem Pariser Vorbild nachempfundene Oper zieren seine Flanken, drei Grazien räkeln sich auf einem Bronzebrunnen aus dem Jahr 1776. Das ganze Jahr hindurch wird hier flaniert und geflirtet, ist der Stadtplatz Schauplatz der Selbstdarstellung und Schnittstelle zwischen Alt und Neu.

Die jugendliche „Joie de Vivre", die Lebensfreude des Midi, pulsiert vor allem auf der Place de la Comédie.

Gen Westen führen enge Gassen in das Gewirr der Altstadt mit ihren Szeneläden, Boutiquen und Restaurants, aber auch manchen Hôtel genannten Stadtpalais' mit verschwiegenen Innenhöfen, gen Osten durch den Shoppingkomplex Polygône zum neoklassizistischen Antigone-Viertel, mit dem der Katalane Ricardo Bofill die Innenstadt zum Flussufer des Lez verlängerte. Gekonnt setzen brunnenbestandene Plätze und Grünflächen seine Monumentalbauten für die Regionalregierung, die Mediathek und das Olympische Bad in Szene; lassen Säulen und Kapitelle kaum ahnen, dass die opulenten Bauten Sozialwohnungen verbergen. Zu pompös, verurteilen Kritiker das Viertel. Prachtvoll, schwärmen unverdrossen die anderen. Montpellier sieht es gelassen – und lockt mit seinem Mut zur Moderne wie keine andere Stadt in Frankreich Neubürger an.

Besonders die Jugend zieht es hierher. Und das seit fast 800 Jahren. Schließlich ist Montpellier die zweit-

Enge Gassen sind charakteristisch für die Vieux Quartiers von Montpellier

Zu Ehren Ludwigs XIV. errichtet, der Montpellier leiden ließ: Triumphbogen von 1693

Montpellier monumental: Antigone
mit Bofill-Architektur

Am westlichen Stadtrand von Montpellier liegt seit wenigen Jahren eines der modernen Viertel:
Odysseum repräsentiert die Welt der urbanen Freizeit und des „Fun-Shopping"

Das Musée Fabre gehört zu den bedeutenden
Kunstmuseen Frankreichs

Klassizistische Vorbilder sind klar erkennbar: Antigone

Zum Odysseum gehört auch das Aquarium Mare Nostrum

älteste Universitätsstadt des Landes – und Sitz der weltweit ältesten medizinischen Fakultät. 1220 wurde sie gegründet, zu Renaissancezeiten war François Rabelais ihr berühmtester Schüler. Der exzellente Ruf der Medizin reizte auch die Industrie: Euromédicine ist ein biomedizinischer Industriekomplex, Agropolis eine agrartechnologische Untersuchungsanstalt von Weltruf. Biotech und Medien, Informations- und Telekommunikationstechnologie lassen die Stadtkassen klingeln.

Mit neuen Vierteln zum Arbeiten, Wohnen und Erleben wächst die Boomtown immer weiter Richtung Mittelmeer. Mit der Port Marianne, einer Was-

serstadt für 50 000 Menschen am Ufer des Lez, wollte Bofill Montpellier jüngst zur Hafenstadt machen. Nicht eingeplant war allerdings der Widerspruch einer kleinen Kommune zwischen der Metropole und dem Meer, die den Zugang zum Wasser verweigert – und damit Montpellier um den begehrten Zusatz „sur Mer" bringt.

URBANE URLAUBSWELTEN
So trennen weiterhin zehn Kilometer mit Schnellstraßen, Supermärkten, Gewerbegebieten, Flughafen und Flamingolagunen die Stadt von den flach ins Meer abfallenden Stränden, an denen der frühere Präsident Charles de Gaulle

Der Étang du Thau ist die Hochburg der Austernzucht

Cap d'Adge ist eines der Ferienzentren am Golfe du Lion – hier der Strand La Plagette

Schnurgerade durchzieht der Canal Royal die Altstadt des zweitgrößten Handelshafens Frankreichs am Mittelmeer: Blick vom Mont St-Clair auf Sète

Am Canal Royal hat sich Sète das Flair vergangener Zeiten bewahrt

„Mit seinem Hafen, einem richtigen Canal Grande, ist es ein kleines, aber sehr lebendiges Venedig ohne jede historische Größe."

Wolfgang Koeppen 1961 über Sète

und sein Premier Georges Pompidou in den 1960er-Jahren den Startschuss zur touristischen Erschließung des Languedoc-Roussillon gaben.

Im aufkommenden Massentourismus der Nachkriegsjahre zog es auch die Franzosen an die Sonnenstrände Spaniens. Um die „Touristenflucht" einzudämmen, wurde der exemplarische Bau von fünf Ferienstädtchen an der Küste des Languedoc-Roussillon beschlossen. 1962 begannen die ersten Planungen, im Folgejahr wurden die renommiertesten Architekten des Landes für die Prestigeprojekte verpflichtet. Für den Ausbau von Leucate-Bacarès wurde Georges Candillis engagiert, für Gruissan gewann man Raymond Gleize und Edouard Hartané, für den südlichsten neuen Badeort namens St-Cyprien-Plage Henri Castella. Jean Le Coutour zeichnete für Cap d'Agde verantwortlich, Jean Balladur schließlich erhielt den Auftrag für La Grande-Motte.

Das erste Gebiet, das von der Pariser Zentralregierung zur Umsetzung des Pilotprojektes angekauft wurde, lag in der weiten Bucht am Rande der L'Espiguette, einer amphibischen Landschaft mit salzverkrusteter Erde, sumpfigen Gewässern, wenig Vegetation, endlosen Dünen und langen Sandstränden. Umgesetzt werden sollte die Vision des

damals 40-jährigen Jean Balladur. Mit La Grande-Motte schuf der Freund Jean-Paul Sartres eine Stadt aus der Retorte für die Freizeitgesellschaft, funktionell – und architektonisch so überraschend, dass Balladurs Bauten bis heute die Wahrzeichen von „Florida Française" sind. Inspiriert von den Tempeln in Teotihuacan in Mexiko, ließ Balladur die zentralen Bauwerke des Badeortes in Form von Pyramiden anlegen – mal aufrecht, mal umgedreht, aber immer terrassenförmig. Später koordinierte Balladur den Bau von Port Camargue, mit 4800 Liegeplätzen einer der größte Jachthäfen Europas und Stadtteil von Le Grau-du-Roi, das entlang des Hauptkanal Nostalgiker bedient: Am Kai sind Sardinenkutter vertäut, Fischlokale servieren fangfrische Meeresfrüchte als „Fruits de Mer", ein kleiner Leuchtturm spiegelt sich in den Fluten, Möwen kreischen.

DAS VENEDIG DES LANGUEDOC

Ähnlich, aber unendlich größer ist Sète, das 1666 von drei Männern gemeinsam aus der Taufe gehoben wurde: Paul Riquet brauchte einen Umschlagplatz am Ende des Canal du Midi, Ludwig XIV. einen Exporthafen samt Reede für die königlichen Galeeren – und Chevalier de Clerville fand den passenden Standort: die Landspitze von Sète. Die

Die durchweg sehenswerte Altstadt von Pézenas prägen Stadtpalais wie das Hôtel de Lacoste mit seinem gotischen Innenhof

In der Ebene des Hérault reiht sich ein Weingut an das andere:
Cave St-Martin-de-la-Garrigue bei Montagnac

Der Klassiker

Italienischer Wermut ist fruchtig-süß – die Franzosen lieben es feinwürzig und trocken.

Frankreichs Klassiker heißt Noilly Prat. Seit 1813 wird er in Marseillan nach dem Rezept der Firmengründer hergestellt. Grundzutat sind zwei Blancs de Blancs aus Clairette und Picpoul de Pinet, die erst zwölf Monate im Eichenfass ruhen, ehe sie ein Jahr lang Wind und Wetter ausgesetzt werden – sommerlicher Hitze, aber auch der Winterkälte. Wie das den Wein verändert, ist unerforscht. Nach dem Wechselbad geht es für Monate zurück ins Trockene, ehe der Kellermeister ein „Mistelle" genanntes Destillat aus Samostrauben zufügt, die Mischung mit Zitronen- und Himbeersaft abrundet, sie mit 20 Kräutern und Gewürzen flirten lässt, das Ganze einmal täglich umrührt und dem jungen Noilly eine zehnmonatige Ruhe verordnet, ehe er gefiltert auf Flaschen gezogen wird.

Zufahrt am Mittelmeer wurde mit der Môle St-Louis gesichert, die Verbindung zum Étang de Thau, und damit zum Canal du Midi, mit dem Canal Royal gewährleistet, der die Stadt bis heute teilt: in einen riesigen Hafenbereich und die quirlige, lebendige Ferienstadt rund um den Mont St-Clair.

Die Strandbereiche erleben seit der Jahrtausendwende einen millionenschweren Facelift. Die vielbefahrene Straße nach Marseillan wurde dafür ins Hinterland ver- und endlich Parkplätze an den Strandzugängen angelegt. Ergänzt von zwei Stadtstränden bilden „La Baleine", „Trois Digues", „Jalabert", „Castellas" und „Vassal", den zwölf Kilometer langen Lido von Sète, an den sich nahtlos die Strände von Marseillan anschließen. Das Gelenk zwischen Lido und City bildet das neue Villeroy-Viertel mit Luxusappartements, Promenade und Fahrradweg am Meer. Unterhalten werden die zahlungskräftigen Gäste mit einem Sommerprogramm, zu dem Animation und Party am Strand ebenso gehören wie das traditionelle Fischerstechen, mit dem der Hafen von Sète einst im Jahre 1666 eingeweiht worden war. Seit dem 18. Jahrhundert verraten die Barken den Ehestand der Männer, die sie rudern: Bei Ledigen ist das Boot blau, bei Verheirateten dagegen rot angestrichen.

MEKKA FÜR AUSTERN-FREUNDE

Wie still ist dagegen der Étang de Thau, aus dessen spiegelglatter Wasseroberfläche die Seile und Tische der Austernzüchter ragen. 13 000 Tonnen Austern, zu 90 Prozent die pazifische Auster, werden in dem 21 Kilometer langen und acht Kilometer breiten Binnenmeer kultiviert und fangfrisch an seinen Ufern genossen. Am besten schmecken sie in den einfachen Straßenlokalen von Bouziques und Mèze, wo junge Männer von mittags bis spätnachts mit scharfen Austernmessern die Huîtres öffnen, auf Pappteller oder Metallplatten stapeln, Algen und Eis darum drapieren, Zitrone, Essig und Mayonnaise in kleine Schälchen füllen, frisches Baguette in einen Brotkorb werfen und den kühlen Weißen „Picpoul de Pinet" dazu servieren. Voilà. So leicht und unbeschwert kann südfranzösische Lebenslust sein.

WEIN

Das Geheimnis der Terroirs

Das Languedoc ist die aufregendste Weinregion Frankreichs. Die Landschaft im Südwesten lockt mit einer unvergleichlichen Vielfalt an „Terroirs" – und Winzern, die seit der Antike Weine wie flüssige Seide kreieren, kräftig und harmonisch.

Die Grenache-Traube gehört zu den traditionsreichen Rebsorten im Languedoc – hier auf dem Weingut Château la Mijeanne

Bereits im 6. Jahrhundert vor Christus pflanzten griechische Siedler im Languedoc die ersten Rebstöcke. Zu Zeiten der Römer schickten Winzer aus der Provinz Gallia Narbonensis ihren Wein nicht nur nach Rom, sie exportierten ihre Tropfen bereits bis nach Germanien. Nach dem Niedergang des Römischen Reiches sorgten Mönche für neue Impulse, und bis heute entstehen in einst heiligen Hallen geistvolle Tropfen wie „Le Secrèt de Frère Nonenque". Dank engagierter Winzer erlebt das sonnenverwöhnte Languedoc – im 19. Jahrhundert zum Hauptproduktionsgebiet der „Gros Rouges", ehrlicher, alkoholreicher Landweine, geworden – eine wahre Wein-Revolution. Anbau, Verarbeitung und Vermarktung kamen auf den Prüfstand. Klasse statt Masse, hieß die Devise. Mehr als 100 000 Hektar Weinberge verschwanden; international erfolgreiche Gewächse gesellten sich zu alteingesessenen Sorten wie Grenache, Syrah, Mourvèdre, Cinsault und Carignan.

VIEL MASSE, VIEL KLASSE!

Heute bildet das Languedoc gemeinsam mit dem benachbarten Roussillon mit 320 000 Hektar Rebfläche und 16 Millionen Hektoliter Wein pro Jahr nicht nur Frankreichs größtes Anbaugebiet, sondern auch sein wohl interessantestes: Zwischen Nîmes und Narbonne liegt Frankreichs Spielwiese für junge, ambitionierte Winzer, die Erfahrung mit Experimentierfreude paaren – und da-

Kritischer Blick auf das eigene Produkt:
Winzerin Cathérine Roque der Domaine de
Clovallon

Auch, wenn er heute in Nordfrankreich zuhause ist: Erfunden wurde der Champagner im Kloster St-Hilaire bei Limoux. Hier soll der Benediktinermönch Dom Perignon vor 300 Jahren die Methode der Flaschengärung kennengelernt haben.
Das Château la Mijeanne lässt auch Besucher an der Lese teilnehmen.

bei geschickt die kontrastreiche Landschaft nutzen, die dem Languedoc eine einzigartige Vielfalt an „Terroirs" beschert: vom felsigen Fitou bis zum körnigen Picpoul, von den lehmig-kalkhaltigen Böden der Corbières bis zu den sandigen Böden an der Küste.

„L'art de faire parler le terroir" – die Kunst, den Boden zum Sprechen zu bringen, lautet das Credo der Winzer im Languedoc, dem sich besonders die neue Winzerinnen-Generation verschrieben hat. Der Grenache-Syrah der jungen Winzerin Cathérine Delaunay von Les Jamelles in Marseillette ist ein geschmacksintensiver, traumhaft saftiger Rotwein mit typisch südfranzösischem Bouquet. Leidenschaft zeigt auch Caroline de Beaulieu. Seit über 20 Jahren kreiert sie im Minervois weiche, runde Merlot-Weine mit intensivem Fruchtspiel, pflaumenwürzigen Aromen und duftigem Bukett.

Miren und Nicolas de Lorgeril sind die Besitzer von sechs Weingütern – Château Pennautier ist das bekannteste mit einem Schloss nach Plänen des Versailler Architekten Le Vaux und einem 30 Hektar großen Park vom königlich-barocken Gartenarchitekten André Le Nôtre.

Zu den berühmten Kellereien im Languedoc gehört auch JeanJean aus St-Félix de Lodez. Das Familienunternehmen wird in sechster Generation von Brigitte JeanJean geleitet. Voller Liebe spricht sie von ihrer Heimat, die für sie der Inbegriff des „Bon Vivre" ist: „Hier wird gut gegessen, gut getrunken – und die Menschen sind herzlich zueinander." Diese einzigartige Lebensart hat ihren Ursprung in den intensiven Farben, Gerüchen und Genüssen des Languedoc. „Bevor Sie unsere Tropfen verkosten, müssen Sie sich unsere Terroirs ansehen – dann erst verstehen Sie, warum unsere Weine so unterschiedlich sind." Zum Imperium zählt seit 1990 auch die Domaine de Pive hinzu. Sie ist besonders berühmt für ihren „Vin de Sable" – Sandwein, der am Golf du Lion auf sandigen Böden gedeiht und wie kein anderer Wein den Sommer einfängt: als blumiger, lachsfarbener Rosé oder fahlgelber Weißer mit viel Finesse.

ADRESSEN

Caroline de Beaulieu, Château La Croix Martelle (gehört zu Les Domaines Boisset), F-34210 Siran, Tel. 04 68 91 84 82, www.boissetfamilyestates.com

Catherine Delaunay, Les Jamelles, 32, Avenue du Languedoc, F-11800 Marseillette, Tel. 04 68 79 00 00, www.les-jamelles.com

Brigitte JeanJean, L'Enclos, 34725 St-Félix de Lodez, Tel. 04 67 88 80 00, www.jeanjean.fr

Miren de Lorgeril, Château de Pennautier, BP 4, F-11610 Pennautier, Tel. 04 68 72 65 29, www.lorgeril.com

Cathérine Roque, Domaine de Clovallon, Route de Béziers, F-34600 Bédarieux, Tel. 04 67 95 19 72

Anne Sol, Château de la Mijeanne, Route de Villalier, F-11620 Villemoustaussou, Tel. 04 68 25 89 16, sol-la-mijeanne@wanadoo.fr

Nirgendwo lässt sich ein Wein schöner kosten als
dort, wo er wächst: Weingut Château la Mijeanne
von Anne Sol

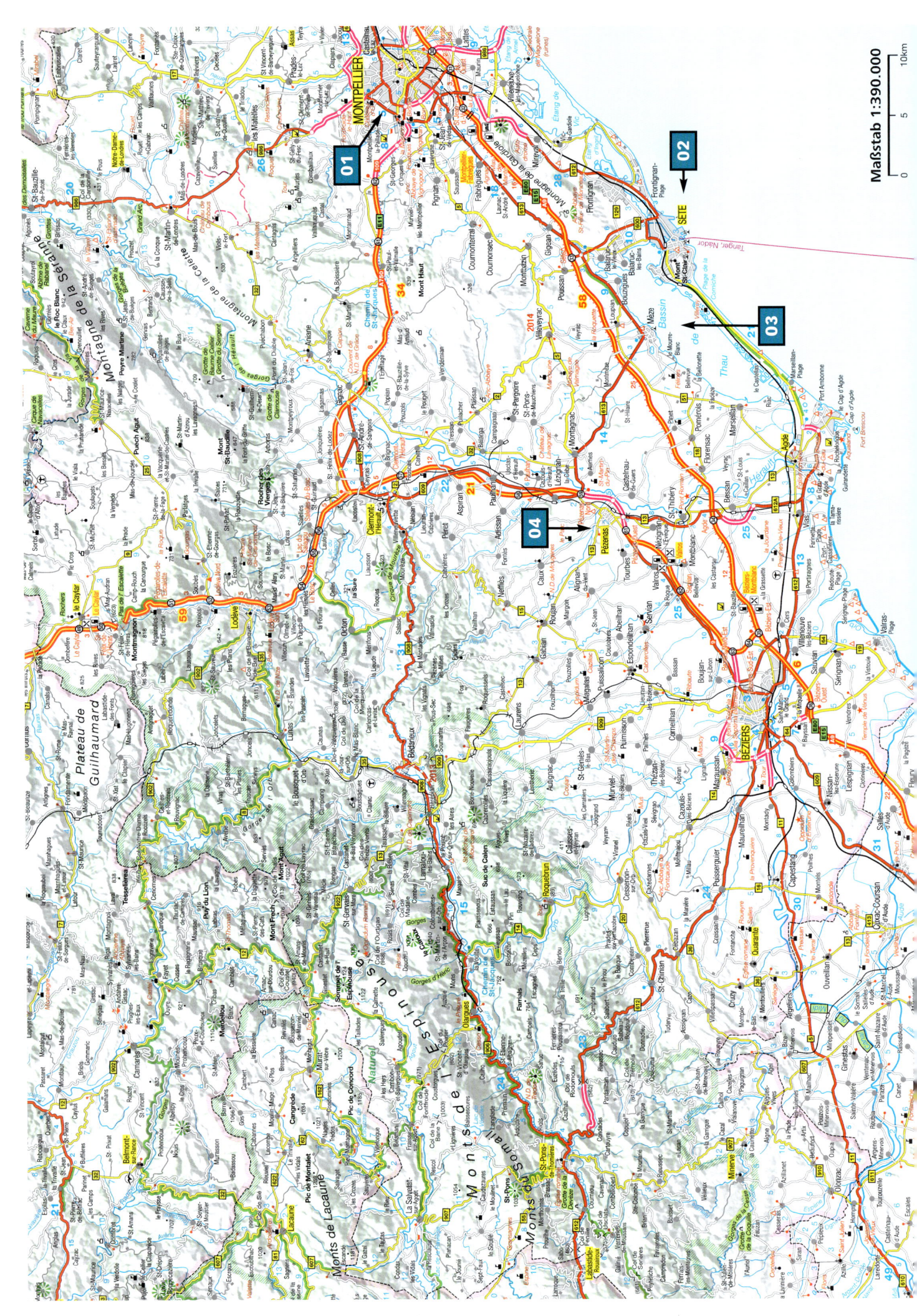

Spielwiese für Urlauber und Architekten

Zwischen Camargue und Étang de Thau haben seit Jahrhunderten Architekten Visionen verwirklicht – hier zu leben ist für viele ein Traum.

01 MONTPELLIER

Die fränkische Gründung (8. Jh.) und Hauptstadt des Languedoc-Roussillon (258 000 Einw., in der Metropolregion 420 000 Einw., die Hälfte davon jünger als 34 Jahre) wird von Franzosen regelmäßig zur attraktivsten Stadt des Landes erwählt. Und so wächst Montpellier rasant – und zieht vor allem junge Menschen an. 80 000 von ihnen studieren an den Universitäten (seit 1289), die für ihre naturwissenschaftlichen Fakultäten berühmt sind. Gleich drei neue Wahrzeichen machten Montpellier 2011/2012 zum Hotspot aufregender Architektur: das neue **Hôtel de Ville**, ein leuchtend blauer Kubus, und das ebenfalls von Jean Nouvel entworfene **RBC Design Center** als Showroom. Ende 2012 gesellt sich das **Pierres Vives**-Gebäude von Zaha Hadid hinzu, ein langgestreckter „Baum" aus weißem Beton, Aluminiumprofilen und grün gefärbtem Glas, der die Staatsbibliothek, Archiv, Büros, städtische Ämter und Sportstätten birgt. Als längster Catwalk der Stadt präsentiert sich die von Christian Lacroix so fantasie- wie farbenfreudig gestaltete Straßenbahnlinie.

Sehenswert

Das Herz der Stadt schlägt am „Œuf", der **Place de la Comédie ▶TOPZIEL** mit vielen Cafés, Straßenkünstlern, der opulenten **Opéra Comédie** (1888) und dem Brunnen **Fontaine des Trois Grâces** (1776). Westl. bergen die Gassen der Altstadt prächtige Stadtpalais (Hôtel) mit oft kunstvoll gestalteten Fassaden. Nur bei Führungen ist das älteste jüdische Bad Europas zu besichtigen, das Mikvé (Ende 12. Jh.; Rue Ballalerie). Die Cathédrale St-Pierre (14. Jh.) überstand als einziger Sakralbau der Stadt die Glaubenskriege (bis 1622). Auf dem höchsten Punkt der Stadt entstand 1688 die **Promenade de Peyrou** mit dem barocken Wasserschlösschen **Château d'Eau** (1768). Es erhält sein Wasser aus dem Aquädukt St-Clemens und verteilt es auf die drei Brunnen der Stadt. Die Reiterstatue auf der Promenade erinnert an Ludwig XIV., der **Arc de Triomphe** an der stadteinwärts führenden Rue Foch entstand 1693 ebenfalls zu Ehren des „Sonnenkönigs"; auf die Aussichtsplattform führen 103 Stufen (nur bei Führungen des Office de Tourisme zugänglich). Monumental präsentiert sich das ab 1980 realisierte **Quartier Antigone** mit Büros, Wohnungen und öffentlichen Einrichtungen zwischen dem Einkaufszentrum Polygône und dem Verwaltungsbau Hôtel de la Région.

Freizeitspaß für jeden: Montpelliers Odysséum

Museen

Herausragend aus den 14 Museen der Stadt ist das **Musée Fabre ▶TOPZIEL**, das neben Gemälden und Skulpturen europäischer Malschulen Werke der „Luminophiles", Maler des Languedoc, präsentiert (39, boulevard Bonne Nouvelle, http://museefabre.montpellier-agglo. com; Mi.–So. 10.00–18.00 Uhr, 1. So. im Mo. Eintritt frei). Die benachbarte Dependance **Hôtel Cabrières Sabatier d'Espeyran** (1874) präsentiert als Museum für Wohnkultur Atmosphäre des 18. und 19. Jh. (Mi.–So. 14.00–18.00 Uhr). Arbeiten von Fernand Michel und Kollegen will ab Ende 2014 das neue **L'Atelier-Musée d'Art brut et Singulier Fernand Michel** zeigen (rue Lunaret). Kunst und Kultur der gallorömischer Zeit, des Mittelalters und der Moderne zeigt das hervorragende **Musée Languedocien** in einem Stadtpalais des 18. Jh. (7, rue Jacques Coeur, www.musee-languedocien.com, 15. Juni–15. Sept. tgl. 15.00–18.00, sonst Mo.–Sa. 14.30–17.30 Uhr). Ein lebendiges Forum für Gegenwartskunst aller Sparten mit Künstlerateliers, Workshops und Ausstellungen ist das 2013 eröffnete Kunstzentrum **La Panacee** (Mi., Do. 12.00–20.00, So. 10.00–18.00 Uhr, http://pan.lapanacee.org). Der **Parc Zoologique** am Nordrand der Stadt birgt u.a. eine Serre Amazonienne, einen Amazonas-Regenwald, mit 4500 Pflanzen- und 500 Tierarten (50, avenue Agropolis, www.zoo.montpellier.fr; Apr. bis Sept. 9.30–20.30, Okt. 10.00–18.00 Uhr).

Aktivitäten

Seit 1998 entsteht am Ende der Tramwaylinie 1 das Geschäfts- und Vergnügungsviertel **Odysseum** mit 110 Shops, Kino (www.cinemasgaumontpathe.com), **Mare Nostrum-Aquarium** (Allée Ulysse, Jul./Aug. tgl. 10.00–20.00, Sept. bis Juni 10.00–19.00 Uhr, www.aquariummarenostrum.fr), Galileo Planetarium (Termine im

Web, tgl. 13.30–18.00 Uhr, http://planetariumgalilee.montpellier-agglo.com) und Végapolis-Eisbahn (tgl. 12.00–14.00, 17.00–20.00, Di., Mi., Fr., Sa. auch 21.00–01.00 Uhr, www.vertmarine.com/vegapolis-montpellier-34) sowie zahlreichen Bars, Restaurants und Cafés.

Einkaufen

Untrennbar mit Montpellier verbunden sind die **Grisettes**; im Mittelalter benutzt, Wechselgeld aufzurunden, sind die kleinen Honigkugeln mit Lakritz heute eine beliebte Leckerei (erhältlich: Pinto, 14, rue de l'Argenterie; Le Diamant Noir, 25, rue St-Guilhem). Schöne Altstadt-**Einkaufsstraßen** sind die Rue de l'Ancien Courrier, de l'Aiguillerie, Foch und du Palais.

Hotels und Restaurants

Im Stadtzentrum liegt das €€€ **Grand Hotel du Midi**, das nostalgischen Charme mit modernem Komfort verbindet (22, boulevard Victor Hugo, F-34000 Montpellier, Tel. 04 67 92 69 61, www.grandhoteldumidimontpellier.com). Nur Nichtraucher sind in der Altstadtherberge €€ **Hôtel d'Aragon** willkommen (10, rue Baudin, F-34000 Montpellier, Tel. 04 67 10 70 00, www.hotel-aragon.fr).
Traditionsgerichte aus der Lozère werden bei €€€/€€€€ **Cellier Morel** (27, rue de l'Aiguillerie, Tel. 04 67 66 46 36, www.celliermorel.com). Wer im Herzen der Altstadt auf einer gemütlichen Place speisen möchte, is(s)t bei €€€ **Epices & Délices** richtig (5, place Chapelle Neuve, Tel. 04 67 29 90 45).

Umgebung

600 v. Chr.–300 n. Chr. war Lattera, das heutige **Lattes** (7 km südl.), einer der wichtigsten Mittelmeerhäfen. Fundstücke der Ausgrabungen zeigt das Musée Henri-Prades (390, avenue de Pérols, http://museearcheo.montpellier-agglo. com, Mo., Mi.–Fr. 10.00–12.00, 13.30–17.00, Sa./So. 14.00–18.00 Uhr). Stadt und Meer verbindet ein brandneuer, 11 km langer Radweg am Lez. Müde Radler nimmt der Bus mit.

Information

Office de Tourisme, 30, Allée Jean de Lattre de Tassigny, F-34000 Montpellier, Tel. 04 67 60 60 60, www.ot-montpellier.fr, www.montpelliernow.mobi

02 SÈTE

Vom Wasser umgeben und von Kanälen durchzogen: das von Ludwig XIV. 1666 gegründete Sète (43 000 Einw.) „Klein-Venedig des Languedoc", zweitwichtigster Mittelmeerhafen Frankreichs. Mitten durch das Stadtzentrum der Fischereihochburg ziehen sich mehrere Kanäle.

Infos

Austernzucht im Étang du Thau bei Marseillan

Sehenswert

Für einen ersten Überblick geht es hinauf zum **Mont St-Clair** (183 m) – hinunter zum Hafen über einen Treppenweg mit 400 Stufen. Das alte **Quartier Haut** ist das Viertel der Fischer. Den Zugang zum alten Hafen sichert seit 1666 die 650 lange **Môle St-Louis**. Thunfischtrawler, Fischkutter und kleine Arbeitsboote sind am **Quai Général Durand** vertäut, landseitig die Restaurantmeile der Stadt. Ihre frischen Fische werden täglich bei der Criée in der Fischauktionshalle versteigert (Führungen durch das Office de Tourisme). Der **Canal Royal** (1666) verbindet Mittelmeer und Étang de Thau – zwischen seinen beiden zentralen Brücken findet seit 1666 im Aug. das Fischerstechen statt.

Museen

Dass der Dichter Paul Valéry (1871–1945) auch ein talentierter Maler war, zeigt das 2010 renovierte **Musée Paul Valéry** (Rue François Desnoyer; Apr.–Okt. Mi.–So. 9.30–19.30, Nov.–März 10.00–18.00 Uhr). An den Chansonnier (1921 bis 1981) von „La mauvaise Reputation" und „Les Copains d'abord" erinnert die **Espace Georges Brassens** (67, bd Camille Blanc, www.espace-brassens.fr; Juni–Sept. tgl. 10.00–18.00, sonst Mi.–Mo. 10.00–12.00, 14.00–18.00 Uhr).

Aktivitäten

Bootstouren veranstaltet vom Vieux Port Sète Croisières (Tel. 04 67 46 00 46, www.sete-croisieres.com) – der Anstrich der Schiffe verrät, wohin es geht: Hafenrundfahrt (blau), Hafen und Küste (rot), Austernbänken im Étang de Thau (gelb), Schiffs-Shuttle nach Balaruc-les-Bains (weiß/rot/türkis).

Veranstaltungen

Das Fischerfest nennt sich **Fête de la St-Pierre** (Juni). Musikalisch geht es beim internationalen **Festival Jazz à Sète** (Juli) und beim Chansonfestival **Quand je pense à Fernande** (Juli) zu. Zur **Fête de St-Louis** gehören Schifferstechen und Feuerwerk (Aug.).

Hotel und Restaurants

Direkt an der Mole liegt das moderne Haus **€/€€ Port Marine** (Le Môle St-Louis, F-34200 Sète, Tel. 04 67 74 92 34, http://fr.hotel-port-marine.com). Zu den besten Adressen entlang der Restaurant-Meile am Hafen gehören **€€/€€€ Les Sirenes** (26, promenade J. B. Marty, Tel. 04 67 74 67 81) und **€€/€€€ Au Bord du Canal** (9, quai Maximin Licciardi, Tel. 04 67 51 98 39, www.auborducanal.com).

Umgebung

Das einst von antiken Griechen gegründete **Agde** hat um die Cathédrale St-Etienne (Urspr. 12. Jh.) noch seinen schönen mittelalterlichen Stadtkern bewahrt.

Information

Office de Tourisme, 60, Grand Rue Mario Roustan, F-34200 Sète,
Tel. 04 67 74 71 71, www.de.ot-sete.fr

03 ÉTANG DE THAU

Eine Kette flacher Salzwasserseen, nur durch schmale Strandstreifen vom Mittelmeer getrennt, säumt die Küste des Festlands. Größter und tiefster dieser Lagunen ist mit 8000 ha Wasserfläche und 4 m Tiefe der Étang de Thau. Sein nördlicher Bereich beheimatet die größte Austernplantage der Welt. Die **Fête de l'Huitre** in Mèze (Aug.) ist dem wichtigen Wirtschaftsgut gewidmet.

Sehenswert

Als Zentrum der Schalentierzucht gilt das malerische Fischerdorf **Bouziques,** das den Austern aus dem Étang de Thau ihren Namen gab: Huîtres de Bouziques. Das Hafenstädtchen **Mèze** (10 500 Einw.) wurde von phönizischen Siedlern gegründet und ist heute der lebendige Hauptort am Nordufer. In **Marseillan** (7920 Einw.), wo Mittelmeer, Étang de Thau und Canal de Midi zusammentreffen, wird seit 1813 der Wermutwein Noilly Prat produziert (1, rue Noilly, www.noillyprat.com; Mai–Sept. 10.00 bis 12.00, 14.30–19.00, März, April, Okt. und Nov. 10.00/11.00–14.30/16.30 Uhr). Einblicke in die **Austernzucht** gewährt Stéphane Saez (Führungen, www.conchyliculture.com).

Museen

Austernzucht und den Fischfang in der Lagune erklärt das **Musée de l'Étang de Thau** in Bouzigues mit angeschlossenem Aquarium (Quai du Port de Pêchem www.bouzigues.fr/musee/francais/musee-etang-thau.html,; Juli und Aug. tgl. 10.00–12.30 und 14.30–19.00, März–Juni, Sept./Okt. tgl. 10.00–12.00, 14.00–18.00 Uhr). Westlich von Mèze wurden 1996 mehr als 60

Mio. alte Skelette, versteinerte Trittspuren und Eierschalen von Sauriern gefunden; auf dem Forschungsgelände können Besucher im **Musée-Parc des Dinosaures** das größte Saurierskelett der Welt bewundern – einen 25 m langen und 50 t schweren Brachiosaurus (RN 113, Mèze, www.dinosaure.eu; Juli und Aug. tgl. 10.00–19.00, Febr. bis Juni und Okt. 14.00–18.00, sonst 14.00–17.00 Uhr).

Hotel und Restaurant

Meerblick, Pool, komfortable Zimmer – das **€ Hôtel de la Pyramide** ist eine Oase der Erholung (8, promenade Sergent JL Navarro, F-34140 Mèze, Tel. 04 67 46 61 50, www.hotel delapyramide.fr). Die beste Adresse für frische Austern in Bouzigues ist ein einfaches Straßenlokal: **€€ Chez la Tchèpe** – man sitzt auf Plastikstühlen im Gewühl, aber Austern und Wein sind unschlagbar! (Avenue Louis Tudesq, Tel. 04 67 78 33 19).

Information

Office de Tourisme intercommunal en Pays de Thau, Château de Girard, BP 98, F-34140 Mèze, Tel. 04 67 43 93 08, Fax 04 67 43 55 61

04 PÉZENAS

Mehr als 200 Jahre lang war der Wein- und Wollhandelsort (8700 Einw.) die Hauptstadt des Languedoc, das „Versailles des Midi" (ab 16. Jh.). Prachtvolle Adelspaläste mit malerischen Innenhöfen und Loggien entstanden, und Frankreichs größter Komödiendichter gastierte hier: Jean-Baptiste Poquelin (1622–1673), der in Pézenas unter dem Künstlernamen Molière zu Ruhm gelangte.

Sehenswert

Die Sehenswürdigkeiten der **Altstadt** ►**TOP-ZIEL** verbindet ein Rundgang mit 33 Stationen – den kostenlosen Führer gibt es beim Office de Tourisme. Zu den schönsten **Stadtvillen** gehören das Hôtel Jacques Cœur (15. Jh.), das Hôtel de Lacoste (16. Jh.), das Hôtel de Malibran (18. Jh.) und das Hôtel d'Alfonce (17. Jh.), in dessen Innenhof Moliere mit dem „Illustre Théâtre" auftrat. Die meisten Stadtpalais bergen Boutiquen, Hotels oder Künstlerateliers.

Museen

Als Schauspiel in fünf Akten und Parcours durch fünf Säle angelegt, präsentiert **Scénovision Molière** das stürmische Leben des Dramatikers (Place des États du Languedoc, www.scenovisionmoliere.com; Juli und Aug. tgl. 9.00 bis 19.00, sonst Mo.–Sa. 9.00–12.00 und 14.00 bis 18.00, So. ab 10.00–12.00 und 14.00 bis 18.00 Uhr). Möbel und Kunsthandwerk aus der Zeit Molières präsentiert das **Musée Vulliod-**

DuMont Aktiv

Ein himmlisches Paar

Picpoul de Pinet und Austern aus Bouzigues: Bei diesem Duo geraten nicht nur Südfranzosen ins Schwärmen. Der spritzige Weißwein, der im Hinterland des Étang de Thau auf kiesigen, von kleinen Kalksteinen durchsetzten Böden gedeiht, ist perfekter Begleiter für die Königin der Meeresfrüchte und die Miesmuscheln aus dem Lagunensee. Ebenso gut passt er zu Rotbarbe, Dorade und Wolfsbarsch, die vor der Küste gefischt werden. Und so manch einer schlürft ihn bereits zum Apéritif – mit oder ohne Austern.

Saint-Germain in einem Stadtpalais aus dem 16. Jh. (3, rue Albert-Paul Alliès; Juni–Sept. Di. bis So. 10.00–12.00, 15.00–19.00, Mitte Febr. bis Mai und Okt.–Mitte Nov. Di.–So. 10.00 bis 12.00, 14.00–17.30 Uhr).

Aktivitäten

Tret- und Elektroboote für **Fahrten auf dem Hérault** werden Mitte Juni–Mitte Sept. an der Brücke Pont de Patigone la Ville vermietet (Tel. 04 67 77 43 93). **Leihräder** gibt es bei Planète vélos (31, Avenue E. Combes, Tel. 04 67 98 34 04).

Hotel und Restaurant

Peter und Margrete Pflück verwandelten das € **Château les Sacristains** (9 km östl.) mit u. a. Tennisplatz in ein sportliches Urlaubsidyll (F-34530 Montagnac, Tel. 04 67 43 49 89, Fax 04 67 43 66 46, www. chateau-les-sacristains.fr). Mit Noilly-Prat gratinierte Austern, Seeteufel mit Cartagène-Likör und Rosmarin-Honig sind Spezialitäten im €€€ **Le Pré Saint-Jean** (18, avenue Maréchal Leclerc, Tel. 04 67 98 15 31).

Umgebung

Seit 800 Jahren wird in der **Abbaye de Valmagne** (8 km östl.) Wein gemacht – Bio-Tropfen, die im Conservatoire des Cépages kostenlos verkostet werden können. Die Abteikirche (1257) mit ihrem 83 m langem Kirchenschiff gehört zu den schönsten Beispielen gotischer Architektur und ist im Juli Bühne für ein klassisches Konzert-Festival (Villeveyrac, www.valmagne.com; Mitte Juni–Sept. tgl. 10.00–18.00, Ostern – 14. Juni, Okt.–März Mo.–Fr. 14.00 bis 18.00, Sa./So. 10.00–18.00 Uhr).

Information

Office de Tourisme, Place des États du Languedoc, F-34120 Pézenas, Tel. 04 67 98 35 39, www.pezenas-tourisme.fr

Der Dauerbrenner

Er gilt als schwerster Aufstieg der Tour de France: der Col de Tourmalet. Während die ersten Radrennfahrer den legendäre Pass noch auf einem schmalen Pfad erklommen, können Freizeitradler heute auf einer gut ausgebauten Straße den Mythos des großen Radspektakels am eigenen Leib erfahren.

Seit 1903 wird jeden Juli drei Wochen lang das härteste Radrennen der Welt ausgetragen: die Tour de France. Streckenführung und Etappenorte wechseln jedes Jahr, doch eines bleibt gleich: Die Entscheidung über den Toursieger fällt im Hochgebirge. Zu den vier „heiligen Bergen" der Tour gehört der 2 115 m hohe Col du Tourmalet

Tour de France am Col de Tourmalet

in den Pyrenäen, der 1910 als erster Hochgebirgspass und seitdem 75 Mal bezwungen wurde. Wer einmal selbst erleben will, welche Strapazen Jan Ullrich, Lance Armstrong, Alberto Contador & Co. auf sich genommen haben, kann sich vor dem Denkmal des radelnden Octave Lapize fotografieren lassen, der den Pass 1910 als Erster erreicht hatte.

Start der Etappe ist in Ste-Marie de Campan in 847 m Höhe. Bis zum Pass werden auf 17,2 km Länge 1268 Höhenmeter überwunden – die ersten vier Kilometer zunächst mit geringer Steigung, doch dann lässt die Bergstrecke den Schweiß fließen, mit 7,4, dann zehn Prozent und auf den letzten 300 Metern sogar 18 Prozent! Kaum weniger anstrengend ist der Westanstieg zum Pass von Luz-St-Sauveur aus. Wunderschön hingegen sind die Flachetappen der Tour durch Südfrankreich – zum Beispiel von Marseille nach La Grande-Motte mitten durch die Camargue.

WEITERE INFORMATIONEN

Übersicht zur Tour, zu Teilnehmern und den Streckenverlauf: www.letour.fr.
Radführer: Kristian Bauer, Roadbook Tour de France, Bruckmann Verlag.

Seit dem Tod von Laurent Fignon gibt keinen Führer mehr, der die Radtour über den Col de Tourmalet anbietet – die Bergetappe ist nur noch auf eigene Faust möglich.

Festungen und Sonnenstrände

Hier ist das Land mit Geschichte getränkt, haben Griechen und Römer, Westgoten und Mauren um Macht und Einfluss gekämpft, die Katharer ihren Glauben verteidigt, wurden funktionelle Ferienwelten errichtet: Zwischen Sonnenstrand und Rebenland ist im Aude die Vergangenheit allgegenwärtig.

Blick vom Donjon Gilles Aycelin auf Narbonnes Kathedrale St-Just und den vielgliedrigen Bischofspalast davor

Der vielgestaltige ehemalige Erzbischöfliche Palast aus Romanik und Gotik
dient heute als Rathaus von Narbonne und Museum

So eine reichhaltige Auswahl an Meeresfrüchten
bietet die Markthalle von Narbonne

*„Es war ungefähr Mittag, als
wir in Narbonne ankamen.
Die Sonne vergoldete die
ganze Landschaft, die
Kathedrale hob sich vom
azurblauen Himmel ab, ich
hatte nicht gewusst, wie
schön ein Horizont sein
kann."*

Gustave Flaubert, 1840

Der Zufall ging einmal wieder
zur Hand: Bei der Neugestaltung des Rathausplatzes entdeckten Steinmetzen 1997 unter dem
Pflaster große Quader mit tiefen Wagenspuren – ein perfekt erhaltenes Teilstück der Via Domitia. Die erste Römerstraße in Gallien, die zeitgleich mit der
Colonia Narbo Martius um 118 vor
Christus errichtet wurde, verband das
italienische Stammland mit den Kolonien Roms auf der iberischen Halbinsel.
In Narbonne, der Hauptstadt des neuen
Herrschaftsgebietes, kreuzte sich der
antike Handelsweg mit der Via Aquitania, die vorbei an Carcassonne und Toulouse nach Bordeaux an den Atlantik
führte. Die Stadt florierte und baute für
ihre Händler ein Horreum, ein unterirdisches Warenlager. Kühl und trocken
das ganze Jahr hindurch, diente es teilweise bis 1975 als Weinkeller. Ihre Qualitäten hätten die Gänge immer noch
und eine gute Lagertemperatur zwischen
12 und 14 Grad, doch dient es nunmehr
als Museum.

Nach dem Zusammenbruch des Römischen Reiches kamen die Westgoten
– und mit ihnen unruhige Zeiten. 719
wurde Narbonne als erste Stadt des
Frankenreichs islamisch. 40 Jahre lang
hielten sie die Mauren im Griff, ehe
Pippin sie zurückschlagen konnte. Die
Rache folgte umgehend: 793 wurde

Narbonne von Hischam I., dem arabischen Herrscher über Andalusien,
komplett zerstört.

MITTELALTERLICHES MASSAKER

Erobert, geplündert und zerstört: Auch
die alte Römerstadt Baeterrae, das heutige Béziers, erlebte ein Schicksal wie
Narbonne. Im Mittelalter wurden beide
Städte zu Hochburgen einer religiösen
Bewegung, die vom Papst und der französischen Krone mit aller Härte verfolgt
und bekämpft wurde: die Katharer. Der
Kampf gegen die „Ketzer", die ihre
Lehre in der Sprache des Volkes statt in
Latein verbreiteten, war nicht nur eine
Glaubens-, sondern auch eine Machtfrage. Im ersten Katharerkreuzzug
wurde Béziers 1209 Schauplatz des
größten Massakers des Mittelalters.
Vom Abt Arnaud Amaury aus Cîteaux –
auch seinerzeit lohnte es sich, auf der
richtigen Seite zu stehen, Amaury
wurde wenig später Erzbischof und
Herzog von Narbonne – mit den
Worten „Tötet sie alle, Gott wird die
Seinen erkennen" angefeuert, belagerte
ein Kreuzritterheer unter dem Befehl
von Simon de Montfort die Stadt und
tötete mehr als 20 000 Menschen, Katholiken und Katharer gleichermaßen.
Mit dem Blutbad, das in der Region
Angst und Schrecken verbreitete, begann die Ausrottung der Katharer, die

Während sich das alte Gruissan, ein Fischerdorf, eng zusammendrängt,
zeigt sich das neue Gruissan-plage als moderne Ferienstadt

Die Étangs bilden zwischen Narbonne und
Perpignan eine amphibische Landschaft:
Étang de l'Ayrolle und Étang de Bages et de
Sigean

Im Parc Naturel Régional de la Narbonnaise blieben die traditionellen Ortsbilder erhalten:
Bages am Étang de Bages et de Sigean

20 Jahre später mit der Zerstörung des Languedoc endete: Am 12. April 1229 setzte Graf Raimund VII. von Toulouse seine Unterschrift unter den Friedensschluss mit Frankreich, das sich Okzitanien damit seinem Herrschaftsgebiet einverleibte.

LEGENDÄRE WASSERSTRASSE

Vier Jahrhunderte später unterbreitete ein Baron aus Béziers dem französischen Herrscher einen Plan für ein Projekt, das seit der Antike die Phantasie von Königen und Kaufleuten beflügelte: den Bau eines Kanals zwischen Mittelmeer und Atlantik. 1666 unterschrieb Ludwig XIV. das königliche Edikt zum Bau der damals „Canal Royal en Languedoc" genannten Schifffahrtsstraße.

An der höchstgelegenen Schleuse des Canal du Midi, der „Écluse Océan" auf der Wasserscheide zwischen Mittelmeer und Atlantik westlich von Castelnaudary, erhebt sich heute ein Obelisk zur Erinnerung an den Erbauer, denn hier fand Pierre Paul Riquets in der Mitte des 17. Jahrhunderts die Lösung für seine Vision: die Lösung auf die bislang nicht gelöste Frage, wie der Kanal, der auf seinem Weg 194 Höhenmeter überwindet, ständig mit Wasser versorgt werden könne. Der Baron aus Béziers antwortete mit einem Geniestreich: Er ließ am höchsten Punkt der Strecke ein riesiges Staubecken anlegen, in dem das Wasser der Montagne Noire gesammelt werden konnte. Von dort aus sorgt ein ausgeklügeltes System aus unterirdischen Wasserleitungen und Zuflüssen bis heute verlässlich dafür, dass der Kanal das ganze Jahr hindurch schiffbar bleibt.

15 Jahre lang, nur mit Schaufel und Schubkarren, wurde das Kanalbett ausgehoben. Mehr als sieben Millionen Kubiktonnen Erde und Gestein räumten 12 000 Arbeiter fort, darunter auch 600 Frauen. 450 000 Platanen, Pappeln und Zypressen wurden entlang der Treidelpfade gepflanzt, um die „Motoren"

Das Binnenland prägt der Weinbau: Boutenac am Rand des Massif de Fontfroide

Seit dem 14. Jahrhundert überragt die Kirche St-Michel das heutige
Sport- und Hausbootzentrum Castelnaudary am Canal du Midi

In Béziers überspannt der Pont Vieux den Fluss Orb. Und seit romanischen Zeiten bestimmt die Kathedrale St-Nazaire das Ortsbild

In Castelnaudary bildet das Grand Bassin das zentrale Wasserreservoir des Canal du Midi

der Kanalkähne vor der sengenden Sommersonne zu schützen. 328 Brücken, Dämme, Aquädukte und Schleusen gebaut – allein auf der nur 35 Kilometer langen Strecke zwischen Castelnaudary und Carcassonne 18. Und nicht, wie in anderen Revieren, gerade, kurze Schleusen mit einer Kammer, sondern mehrere hundert Meter lange Schleusentreppen mit sieben, acht, sogar neun ovalen Kammern, die mehr als 20 Höhenmeter überwinden.

Heute ist die Wasserstraße fest in der Hand der Hausbootkapitäne, sind die Schleusenwärterhäuschen Treffpunkte für Menschen aus aller Welt. Beim Café oder Wein wird über die nächste „Bise", den nächsten Abschnitt zwischen zwei

Canal de las Doas Mars, Kanal der zwei Meere, nennt sich der Canal du Midi auf Katalanisch.

Schleusen, gefachsimpelt, werden Einkaufstipps und Ausflugsziele ausgetauscht. Villepinte lockt mit Glaskunst im einstigen Keller der Wein-Kooperative. Im kreisrund angelegten Städtchen Bram gibt es nicht nur ein gallo-römisches Museum, sondern auch eine Olivenmühle, die 25 verschiedene Bio-Öle produziert. Und dann sind es nur noch knapp ein Dutzend Schleusen bis zur größten mittelalterlichen Festung Europas, der Cité von Carcassonne.

SAGENHAFTE ZITADELLE
Gewaltig und trutzig dominiert der Mauerring die Skyline der Stadt, deren Namen eine Legende verklärt. Die schöne Burgherrin, Madame Carcas, habe während der Belagerung durch Karl den Großen die geniale Idee gehabt, das letzte Schwein zu mästen und es den Belagerern vor die Füße zu werfen, um ausreichend Nahrung vorzutäuschen. Entmutigt zog der Heerführer von dannen. Die listige Dame

Natürlich gehören auch Damen zu Carcassonnes mittelalterlichen Ritterspielen

Was wären mittelalterliche Ritter ohne ihre Jagdfalken – auch wenn es heute Weißkopfadler sind

Carcassonne ist Europas größte erhaltene Festungsstadt des Mittelalters und UNESCO-Welterbestätte

Nur wenige Klöster blieben so ursprünglich erhalten wie die Abbaye de Frontfroide

Steingewordenes Mittelalter: Die Abbaye de Frontfroide gilt als größte Zisterzienserabtei des Midi

„Carcassonne ist bewegend, ohne jeden Zweifel, und der Reisende muss zugeben, dass es etwas Besseres doch gar nicht geben kann."

Henry James, 1885

ließ daraufhin die Siegesglocken läuten: Carcas sonne – Carcas läutet.

Sieben Jahrhunderte später ging die Geschichte allerdings weniger gut aus, und der Katharerstützpunkt Carcassonne musste sich wegen Wassermangels nach zweimonatiger Belagerung dem Heer der Kreuzfahrer ergeben. Diese kannten kein Erbarmen, und so brannten in der Stadt bald die Scheiterhaufen.

EINE GROSSANGELEGTE RESTAURIERUNG

Die einstige Römergründung versank in Bedeutungslosigkeit, war dem Verfall preisgegeben, bis Frankreichs legendärem Generalinspekteur für Geschichtsdenkmäler, Prosper Mérimée, die Einmaligkeit der Cité auffiel und 1844 eine großangelegte Restaurierung begann. Hunderttausende sollten ihm alljährlich danken, wenn sie das „lebende Mittelalter" im Zwinger genießen, wo zwischen dem doppelten Mauerring sommers Hufgetrappel und Schwerterklang widerhallen und Ritterfräulein milde auf die erhitzten Kämpfer lächeln. Oder wenn sie sich durch das Narbonner Tor die Rue Cros Mayrevieille hinauf Richtung Grafenschloss kämpfen, ohne sich von den links oder rechts lauernden Restaurants und Bars, von den Boutiquen mit Leuchtschwertern aus Plastik oder sonstigen touristischen Devotionalien auf-

halten zu lassen. Hitze und Enge, einerlei – es lohnt sich unbedingt, der Cité gebührend Zeit einzuräumen.

HEIMAT DER FLAMINGOS

Von den Schauplätzen des Katharerkreuzzugs ist es nur ein Katzensprung in die Weinberge oder zur Nehrungsküste, wo der Tourismus auf wenige, leider nicht immer einfallsreich gestaltete Ferienzentren konzentriert wurde – und genug Platz bleibt für die abwechslungsreiche Natur, auf 80 000 Hektar im Regionalen Naturpark Narbonnaise en Méditerranée.

Flamingos und Fischadler sind Dauergäste auf seinen Dünenseen, im Frühjahr und Herbst macht der Weißstorch Station. Blässhühner brüten im Schilf, Silberreiher waten durch die flachen Fluten – mit über 400 Vogelarten gehört der Naturpark bei Narbonne neben der Camargue zu den wichtigsten Feuchtgebieten des Landes.

Wahrzeichen im Norden des Nationalparks ist ein „Steinhaufen", der einst eine bewaldete Insel war: das Massiv de la Clape mit der zerfurchten Spitze des 214 m hohen Pech Redon. In seinen lichten Wäldern mit Aleppo-Kiefern, Stein- und Flaumeichen ist die weltweit einzigartige *Centaurea corymbosa* beheimatet: die endemische, lila blühende Clape-Flockenblume.

Unter südlicher Sonne

Er ist der Weg des Sommers unter der warmen Sonne des Südens, die Sehnsuchtsstrecke der Hausbootfahrer in Frankreich: der Canal du Midi. Auf einer Länge von 240 Kilometern verbindet er Toulouse mit dem Mittelmeer – als technisches Wunderwerk, das Freizeitskipper erfreut, aber auch schwitzen lässt.

Seine Schleusen, 98 an der Zahl, bringen immer wieder Abwechslung und Aufregung in die Muße auf dem Wasser des „Canal Royal". „Pas de soucis", keine Sorge, meint Pierre nur, der eine Stunde lang die Freizeitskipper in Technik und Handling der „Tango" einführt, die im Grand Bassin von Castelnaudary vertäut liegt. Gut zwölf Meter misst das schwimmende Ferienheim, unter Deck alles Notwendige für einen ungezwungenen Aufenthalt.

Am sommerlichen Himmel ballen sich Gewitterwolken und lassen die Altstadt dramatisch im Licht leuchten, als die „Tango" ablegt. An Bord: zwei Frauen und ein Kind. O làlà! Mit sichtlicher Neugier schauen die Passanten zu. Bis zur ersten Schleuse sind es 170 Meter. „Kommt mal hoch in den Turm", ruft der Schleusenwärter, „dann könnt ihr sehen, was ihr vor euch habt!" Die Écluse St-Roch, vier riesige Staustufen, zwölfeinhalb Höhenmeter, und zig Hausboote, die gleichzeitig auf und ab geschleust werden. Die Skipperin hat kleine Sorgenfalten auf der Stirn, als sie die Eisenleiter hochklettert. Mit ungeheurer Kraft schießt das Wasser durch die geöffneten Schleusentore, will das Boot von der Wand wegdrücken, das vorn und hinten mit Leinen gehalten wird. Minuten später ist der Spuk vorbei, liegt das Schiff wieder träge im Wasser und wird mit den Leinen per Hand zur nächsten Schleusenkammer gezogen. Nach 30 Minuten Anspannung ist die erste Schleuse gemeistert. Der Blick auf das Emailleschild am Schleusenwärterhäuschen ernüchtert: 1533 Meter sind es bis zur nächsten Herausforderung, der doppelten Écluse de Gay, 1653 Meter bis zur dreistufigen Écluse de Vivier. Danach bleibt kaum noch Zeit, einmal den Schweiß von

der Stirn zu wischen, dreizehn weitere Schleusen folgen im Halbkilometertakt. Unbarmherzig scheint die Sonne auf das Deck, in der flimmernden Luft liegt der Duft von Kräutern. Weit schweift der Blick über Sonnenblumen- und Weizenfelder, hin zu den schneebedeckten Bergspitzen der Pyrenäen. Mittags ist Zwangspause – auch Schleusenwärter gönnen sich eine Ruhepause. Nachmittags ist spätestens um 19 Uhr Schluss, Nachtfahrten auf dem Kanal sind verboten.

Nach fünf weiteren Schleusen und sieben Kilometern Fahrt tanzen die Strahlen der tief stehenden Sonne zwischen den Baumreihen. Wasserlilien leuchten gelb am Ufer, Frösche quaken, Stille. Die „Tango" liegt ruhig am Steg vertäut. Ein verwittertes Holzschild informiert: La Boutique de l'Écluse, Artisanat, Vin, Pain... An Holztischen sitzen Jean Louis und Frédérique Aillaud, verkaufen Selbstgetöpfertes, hausgemachte Marmelade, Honig der Region, Confit, Cassoulet und Croissants. Abends genießen beide ein Glas Rotwein mit den Gästen von den „Pénichettes". Einsamkeit oder Langeweile kennen sie nicht: „Zu uns kommt die Welt." Und auch die Uhr hat Urlaub.

FAKTEN

Anreise: Mit Germanwings, Lufthansa oder Air France nach Toulouse, Leihwagen oder SNCF bis Castelnaudary
Hausbootvermietung: Le Boat, c/o Crown Blue Line, Theodor-Heuss-Straße 53, 61118 Bad Vilbel, Tel. 0 61 01/5 57 91 75, www.leboat.de
Preise: In der günstigsten Bootsklasse und Reisezeit kostet die Bootsmiete ab 900 Euro/Woche zuzügl. Nebenkosten für Betriebskosten (Wasser, Diesel, Gas), Liegegebühren, Versicherung. Tipp: Leihräder gleich mit mieten!

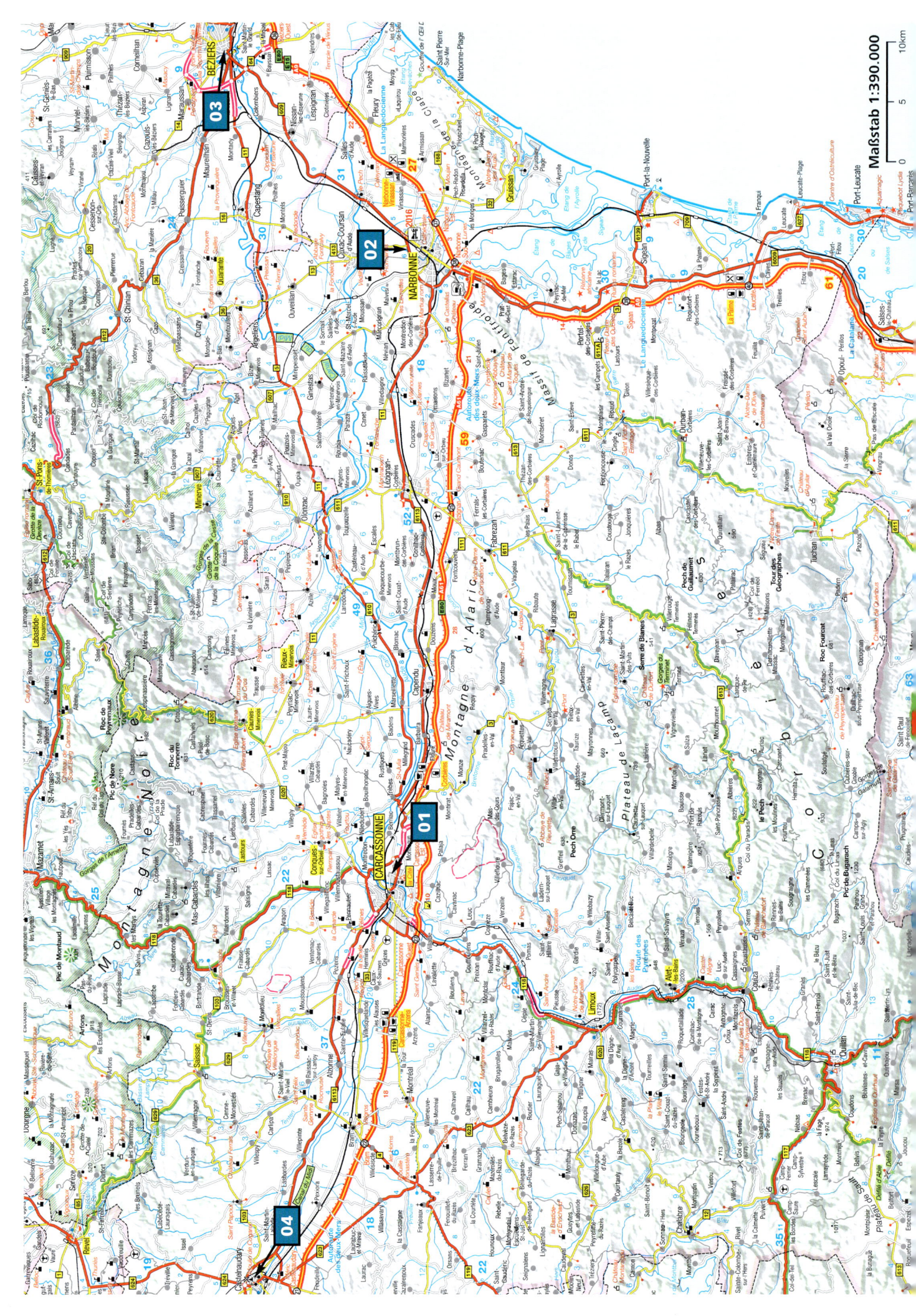

Maßstab 1:390.000

Savoir vivre in der Petite France

Verträumte Dörfer, Burgruinen und alte Städte, ausgedehnte Weingärten und weite Sandstrände: Das Fleckchen Erde zwischen Béziers, Narbonne und Carcassonne heißt wegen seiner landschaftlichen und kulturellen Vielfalt auch „La Petite France" – im kleinen Frankreich lässt sich auch das südliche Savoir vivre auf kleinstem Raum vielfältig erleben.

01 CARCASSONNE

Der Weinhandelsort (47 800 Einw.) besteht aus zwei Teilen: der lebhaften Neustadt Ville Basse und der Cité. Majestätisch überragt diese mittelalterliche Festungsanlage die Weingärten ringsum. Mit dem Eiffelturm und dem Mont St-Michel gehört die auf antiken Mauern erbaute Zitadelle zu den meistbesuchten Attraktionen Frankreichs; mehr als drei Mio. Menschen zieht es jedes Jahr in die Unesco-Welterbestätte.

Sehenswert
Ein seinerzeit höchst moderner doppelter, 3 km langer Mauerring (12./13. Jh.) mit 52 Türmen schützt die Cité ▶TOPZIEL. An ihrem Haupteingang, der **Porte Narbonnaise** (13. Jh.), konnte durch Öffnungen heißes Öl, Pech, brennende Flüssigkeiten oder Felsbrocken auf unerbetene Gäste geworfen werden. Das sehr besuchenswerte **Château Comtal** (12. Jh.) der Vizegrafen von Trencavel wurde durch einen zusätzlichen Mauerring mit Graben und den Tour de Guët geschützt, dem höchsten Wachtturm der Anlage (Apr.–Sept. 9.30–18.30, Okt. bis März bis 17.00 Uhr). Am Südende der Cité erhebt sich die **Basilika St-Nazaire-et-St-Celse** (11. bis 14. Jh.) mit schönen Buntglasfenstern. Die steinerne Bogenbrücke Pont Vieux (1320) führt über die Aude zur **Ville Basse,** zur Unterstadt, die ab 1247 auf dem linken Flussufer entstand. Ihr Zentrum bildet die schachbrettartig angelegte Bastide St-Louis um die zentrale Place Carnot mit dem Neptunsbrunnen (1770). Hier und in der Halle aux Grains wird Di., Do. und Sa. Markt abgehalten.

Museen
In die Schulzeit von einst entführt das **Musée de l'Ecole** (3, rue du Plô, Cité; Febr.–Okt. tgl. 10.00–18.00, sonst bis 17.00 Uhr). Einen Überblick über die europäische Malerei vom 17.–19. Jh. bietet das **Musée de Beaux Arts** (1, rue de Verdun, Ville Basse; Mitte Juni–Mitte Sept. tgl. 10.00–18.00, sonst Di.–Sa. 10.00–12.00, 14.00 bis 18.00, 1. So. im Monat 14.30–17.30 Uhr). Der **Parc Australien** ist mit seinen Emus, Kängurus und Aborigines eine beliebte Familienattraktion (Chemin des Bartavelles, Montlegun,

Carcassonne hinter der Porte Narbonnaise

www.leparcaustralien.fr, Juli, Aug. tgl. 10.30 bis 19.30, April–Juni, Sept.–Nov. 14.00–19.30 Uhr).

Aktivitäten
Pferdekutschen umrunden die Cité ab Porte Narbonaise (www.carcassonne-caleches.com, April–Okt.). Südw. von Carcassonne liegt der **Hochseilgarten 02 Aventure** mit sieben Parcours, darunter zwei Drahtseilstrecken über einen See (3, rue des Acacias, Lac de La Cavayère, Complexe de loisirs Raymond Chésa, www.o2aventure.com, Juni–Aug. tgl. 13.00 bis 18.00, sonst Mi., Sa., So. 13.30–17.00 Uhr).

Veranstaltungen
Zum **Festival de Carcassonne** (Juni/Juli) gehören Konzerte, Theater, Opern, Tanz, Zirkus und Straßenspektakel. Mittelalterspiele umfasst **Carcassonne La Médiévale** (Aug.).

Hotel und Restaurant
Inmitten der mittelalterlichen Cité verwöhnt das €€€€ **Hôtel de la Cité** mit nostalgisch-edlen Zimmern und dem Sternerestaurant €€€€ **La Barbacane** (Place Auguste-Pierre Pont, F-11000 Carcassonne, Tel. 04 68 71 98 71, Fax 04 68 71 50 15, www.hoteldelacite.com). Am Fuß der Altstadt serviert Franck Putelat in seinem Hotel-Restaurant €€€/€€€€ **Le Parc** traditionelle Gerichte in neuem Gewand – gerne auch exotisch (Chemin des Anglais, Tel. 04 68 71 80 80, www.franck-putelat.com).

Umgebung
In **Castelnaudary** (37 km westl., s. Karte S. 5) am Scheitelpunkt des Canal du Midi wurde das Cassoulet erfunden, ein deftiger Enteneintopf mit weißen Bohnen. In **Limoux** (20 km südl.), Hochburg der südfranzösischen Schaumwein-Produktion, wird der Urvater der Champagner hergestellt – der „Blanquette de Limoux". 33 Winzer produzieren hier den Blanquette Brute, den Crémant de Limoux und den Blanquette de Limoux ancestrale AOC, der seit 1531 aus sü-

ßen, handverlesenen Mauzac-Trauben hergestellt wird. Sein aufbrausendes Temperament entfaltet er jedoch nur, wenn der Gärungsprozess bei Vollmond im März eingeleitet wird (www.limoux-aoc.com).

Information
Office de Tourisme, 28, rue de Verdun, F-11890 Carcassonne, Tel. 04 68 10 24 30, Fax 04 68 10 24 38, www.carcassonne.org, www.carcassonne-tourisme.com

02 NARBONNE

Mitten durch Narbonne (51 100 Einw., Großraum 125 000 Einw.), im 2. Jh. Hauptstadt des römischen Galliens, bis ins 8. Jh. Residenz der Westgotenkönige und später Grenzort gegen das maurische Spanien, verläuft die Grenze zwischen Languedoc im Norden und Roussillon im Süden. Den Bedeutungsverlust als Hafenort, im 14. Jh. versandet, versuchte die Eröffnung (1789) des Canal de la Robine rückgängig zu machen. Doch lag und liegt der wirtschaftliche Schwerpunkt im Weinbau der Region.

Sehenswert
Die Altstadt beherrscht ein klerikales Trio: die unvollendete **Cathédrale St-Just** (1272–1332), das ehem. Kloster, das die Kathedrale mit dem Bischofspalast verbindet (1349–1417) und der **Palais des Archevêques** (Erzbischöflicher Palast; Urspr. romanisch) mit seinen sakralen, profanen und militärischen Bauten aus mehreren Jahrhunderten. Heute birgt die Trutzburg des Glaubens an der Place de l'Hôtel de Ville die Stadtverwaltung und zwei Museen. Vom **Donjon Gilles Aycelin** (13. Jh.) eröffnen sich phantastische Ausblicke auf die Stadt und die antike **Via Dolomitia**, 1997 unter dem Pflaster vor dem Rathaus entdeckt; die Haupteinkaufsachse Rue Cabirol folgt bis dem Verlauf der antiken Handelsstraße. Ebenfalls bis in römische Zeit reichen die Wurzeln der Häuserbrücke **Pont des Marchands** zurück, die mit einer Ladenzeile den **Canal de la Robine** überspannt. Seine Kais am Cours Mirabeau, beliebte Spazierstrecken mit Elektrobootverleih, wurden frisch saniert. Am östlichen Stadtrand entsteht direkt am Kanal bis 2016 nach Plänen von Lord Norman Foster als Schaufenster der römischen Geschichte in Gallien das **MuRéNa**, das Musée Régional de la Narbonne Antique.

Museen
Das **Musée Lapidaire** in der ehem. Kirche Notre Dame de Lamourguier (Urspr. 13. Jh.) präsentiert 1300 gravierte und skulptierte Steine von der Römerzeit bis zur Renaissance in einer atemberaubenden audiovisuellen Schau (Place

Infos

Lamourguier, www.musee-lapidaire.org; Di. bis So. 10.00–13.00, 14.00–18.00 Uhr). Ebenfalls in die Römerzeit führt das **Horreum,** ein unterirdisches Wein- und Warenlager aus dem 1. Jh.; Lastenaufzüge verbanden das Horreum mit dem Forum, heute die Place Bistan (7, rue Rouget de Lisle; Okt.–Mai Mi.–So. 10.00–12.00, 14.00–17.00, Juni–Sept. tgl. 10.00–18.00 Uhr). In den ehem. Gemächern der Erzbischöfe zeigt das **Musée d'art et d'histoire** (Juni–Sept. tgl. 10.00–18.00, sonst Mi.–Mo. 10.00–12.00, 14.00 bis 17.00 Uhr) Fayencen aus Narbonne, Montpellier und Marseille sowie Wandteppiche aus Beauvais, das **Musée archéologique** die größte Sammlung römischer Malereien in Frankreich (Place de l'Hôtel de Ville; Juni–Sept. tgl. 10.00 bis 18.00, sonst Mi.–Mo. 10.00–12.00, 14.00 bis 17.00 Uhr). **Spartipp:** Pass Monuments et Musées: 9 € p. P/15 Tage gültig (vier Museen plus Donjon Gilles Aycelin, Trésor de la cathédrale und Maison natale de Charles Trenet).

Aktivitäten

Ein Erlebnis ist eine **Bootsfahrt** auf dem Canal de la Robine, der Narbonne mit dem Canal du Midi und dem Mittelmeer bei Port-la-Nouvelle verbindet (Anleger Cours Mirabeau; Juli/Aug. tgl. 10.00–18.00, Juni, Sept. 14.00–18.00 Uhr), Verleih von Elektrobooten (Anleger Cours de la République, Tel. 06 03 75 36 98; Mitte Juni–Mitte Sept. tgl. 11.00–19.00 Uhr).

Veranstaltungen

Höhepunkte: **Festival National de Théâtre Amateur de Narbonne** (Juli; www.festivalnarbonne.org), **L'Hospitalet Jazz Festival** (Aug.), Weihnachtsmärkte **Les Féeries de Noël** (Dez.)

Tipp

Wie im Mittelalter

Auf eine kulinarische Zeitreise entführt die trutzige Burg von Villerouge-Termenès. Hier wird in den ehem. Stallungen zu Lautenmusik und Gewürzwein mittelalterliche Kost wie geselchtes Schweinefleisch serviert. Als Teller dienen flache Brotlaibe, gegessen wird mit den Fingern. Welche Tischmanieren damals sonst noch galten, verrät Dame Jeanne während des deftigen Mittagsmahls.

Restaurant médiéval „La Rôtisserie", Château, F-11 330 Villerouge-Termenes, 45 km südw. von Narbonne, Tel. 04 68 70 06 06, www.restaurant-medieval.com; Menü 36/43/44/50 € inkl. Getränke

Narbonne: St-Just und Donjon Gilles Aycelin

Einkaufen

Im Jahr 1901 entwarf Victor Baltard nach Pariser Vorbild die wohl schönste Markthalle der französischen Provinz: **Les Halles de Narbonne** mit Kuttelbergen, Wurstgirlanden, Olivenstollen, Marzipankuchen, Käse, Wein und Katertropfen (tgl. 7.00–13.00 Uhr, www.narbonne.halles.fr).

Hotels und Restaurants

Stuck und Stilmöbel prägen €€/€€€ **La Résidence,** in der schon Jean Marais, Louis de Funès und Michel Serrault nächtigten (6, rue 1er Mai, F-11100 Narbonne, Tel. 04 68 32 19 41, www.hotel residence.fr). In Fußnähe zur Markthalle bietet das €/€€ **Hôtel de France** hinter seiner Belle-Époque-Fassade 15 ruhige Zimmer (6, rue Rossini, F-11100 Narbonne, Tel. 04 68 32 09 75, www.hotelnarbonne.com).
Sterneküche muss nicht unbezahlbar sein, beweist Lionel Giraud mit Kreationen aus dem Midi im €€€/€€€€ **La Table Saint-Crescent** (68, avenue Général Leclerc, Tel. 04 68 41 37 37, www.la-table-saint-crescent.com). Marktküche mit frischem Fisch und Meeresfrüchte serviert die €€/€€€ **Brasserie L'Estagnol** (5 bis, cours Mirabeau, Tel. 04 68 65 09 27, http://lestagnol.fr).

Umgebung

Wie die London Bridge sollte auch sie Stein für Stein abgebaut und in Amerika aufgebaut werden: die Zisterzienserabtei **Abbaye de Fontfroide** ▶TOPZIEL (11.–18. Jh.) – eine der größten Südfrankreichs und einst Bollwerk der katholischen Kirche im Kampf gegen die Katharer. Inmitten einer wilden Garrigue-Landschaft (RD 613, 12 km südw.) erhebt sich der eindrucksvolle Sakralbau aus hellem Sandstein abgeschieden in einem Tal, flankiert von Olivenbäumen und Zypressen. Abteikirche, Kreuzgang, Kapitelsaal und die Gärten – darunter ein Rosengarten mit 3000 Stöcken – können nur bei Führungen besichtigt werden (www.font

froide.com; Führungen tgl. ab 10.00 Uhr, im Sommer auch Nachtführungen!). Zur Einkehr empfiehlt sich auf dem Gelände €€ „La Table Fontfroide", zur Unterkunft die Ferienwohnung in der einstigen Mühle. Zwischen dem Gebirgszug La Clape im Norden und der Ebene von Leucate im Süden schützt der 80 km² großen Naturpark **Parc naturel régional Narbonnaise en Méditerranée** eine amphibische Landschaft aus Seen, Stränden und Sümpfen, in der Flamingos, Fischadler und Weißstörche leben.

Information

Office de Tourisme, 31, rue Jean Jaurès, F-11100 Narbonne, Tel. 04 68 65 15 60, www.narbonne-tourisme.com

`03` BÉZIERS

Wein, Oliven und Weizenanbau sorgen seit Römerzeiten für Wohlstand in Béziers (72 500 Einw.), dessen Stadtsilhouette sich malerisch 70 m hoch über dem Orb erhebt. Die Stadt gab sich im Mittelalter sehr frei und tolerant – bis 1209 ein Großteil der Bevölkerung von Kreuzrittern massakriert wurde, um die „Ketzerei der Katharer" auszurotten.

Sehenswert

Den Stadthügel von Béziers dominiert die **Cathédrale St-Nazaire** (13.–15. Jh.). Den schönsten Blick auf die Stadt, den Orb mit dem **Pont Vieux** (14.–16. Jh.) und die Weingärten in der Ebene bietet der im 14. Jh. angelegte **Jardin des Évêques** (14. Jh.). Beispiel für die romanische Baukunst des Mittelmeerraums ist die **Église St-Jacques** (um 900), urspr. Augustiner-Abteikirche. Geschäftige Hauptstraße der Stadt ist die platanengesäumte **Allée Paul-Riquet,** wo während der Féria bis spät nachts gefeiert wird; im Süden endet die nach dem Erbauer des Canal du Midi benannte Prachtstraße am Plateau des Poètes, das die Brüder Bühler 1870 als englischen Landschaftspark anlegten – mit Skulpturen von Injalbert und mehr als 70 botanischen Raritäten. Stierkämpfe und Opernabende wechseln in der **Arena** (www.arenes-de-beziers.com), 1897 eingeweiht und heute einer der sieben wichtigsten Plätze Frankreichs während der Féria Mitte Aug. – die ganze Stadt ist dann in Volksfeststimmung.

Museen

Das **Musée des Beaux Arts** residiert seit 1859 in zwei herrschaftlichen Stadtvillen: Das Hôtel Frabrégat (6, place de Revolution) präsentiert alte italienische, spanische und holländische Meister sowie eine Sammlung moderner Kunst, die Jean Moulin gehörte; im Hôtel Fayet

DuMont Aktiv

(Rue du Capus) sind Gemälde und Skulpturen des 19. Jh. zu bewundern. In die Geschichte von Stadt und Region entführt das **Musée du Biterrois** (Caserne St-Jacques, Rampe du 96ème). Eine imposante Sammlung von Vögeln, Insekten, Mineralien und Fossilien besitzt das **Musée d'Histoire Naturelle** (Caserne St-Jacques; alle städtischen Museen: Juni–Sept. Di.–So. 10.00–18.00, Okt.–Mai Mo.–Fr. 10.00 bis 17.00, Sa./So. 10.00–18.00 Uhr). Einblicke in die Kultur des Stierkampfes gewährt die Union Taurine Biterroise in ihrer **Espace Taurin** (Espace Plein Sud, Avenue Wilson; Jul./Aug. Di. bis So. 14.00–18.00 Uhr).

Veranstaltungen

Das Mittelalter lebt bei **Les Caritats** auf (Mai). Ein Okzitanisches Kulturfest ist die **Festa d'Oc** (Juli). Stierkampf gibt es zur **Féria** (Mitte Aug.) und an den **Stierkampftagen** (Okt.).

Hotel und Restaurant

Hell und modern ist das Ambiente im zentral gelegenen € **Hôtel des Poètes** (80, allées Paul Riquet, F-34500 Béziers, Tel. 04 67 76 38 66, Fax 04 67 76 25 88, www.hoteldespoetes.net). Als Idyll am Orb zeigt sich das 10 km nordw. von Béziers gelegene €€/€€€ **Château de Lignan** (Place de l'Eglise, F-34490 Lignan sur Orb, Tel. 04 67 37 91 47, Fax 04 67 37 99 25, www.chateaulignan.fr).
Mit innovativer Küche erkochte sich Fabien Lefebvre vom Restaurant €€/€€€€ **Octopus** 2008 seinen ersten Michelinstern (12, rue Boïeldieu, Béziers, Tel. 04 67 49 90 00, www.restaurant-octopus.com). Ein gutes Preis-Leistungsverhältnis bietet €€/€€€€ **La Potinière,** wo Claude Fernandel südfranzösische Küche serviert (15, rue Alfred de Musset, Tel. 04 67 11 95 25, www.lapotiniere-restaurant.com).

Umgebung

Das Oppidum von **Ensérune** (8 km südw.) wurde im 6. Jh. v. Chr. von Marseiller Griechen gegründet und wuchs unter den Galliern zu einer ansehnlichen Stadt, vermutlich im 3. Jh. v. Chr. von Hannibal zerstört (http://enserune.monuments-nationaux.fr; Mai–Aug. tgl. 10.00 bis 19.00, April und Sept. tgl. 10.00–12.30, 14.00–18.00, sonst tgl. 9.30–12.30, 14.00 bis 17.30 Uhr). Von der Hochfläche aus öffnet sich ein weiter Ausblick auf die Küste und den Canigou in den Pyrenäen. Richtung Béziers blickt man auf den früheren Binnensee von **Montady,** 1247 von Mönchen trockengelegt – seine Felder bilden ein riesiges Kreisdiagramm.

Information

Office de Tourisme et des Congrès, 29, avenue St-Saëns, F-34500 Béziers, Tel. 04 67 76 84 00, Fax 04 67 76 50 80, www.beziers-tourisme.fr

Den Canal du Midi entlang

Die Treidelpfade entlang dem Canal du Midi, auf denen einst Ochsen schwere Lastkähne flussaufwärts zogen, gehören heute zu den beliebtesten Strecken für Radtouren.

Start einer sportlichen Tages- oder einer Wochenendtour ist **04** **Castelnaudary**, die Heimat des Bohneneintopfs Cassoulet. Vorbei am malerischen Grand Bassin werden die vier Schleusen von St-Roch erreicht, wo man über die Brücke ans linke Ufer wechselt und in flotter Fahrt im Schutz der Bäume nach 35 km Carcassonne erreicht. Nach dem Besuch der imposanten Festung „Cité" geht es am rechten Ufer bis Marseillette, am linken Ufer weiter nach Puichéric, dann zurück am rechten Ufer bis Argens Minervois, wo 1,4 km auf der Kreisstraße zurückgelegt werden müssen. Wieder auf den Treidelpfaden am rechten Ufer, kreuzt bald darauf der Canal de la Robine den Canal du Midi – und Narbonne ist erreicht. Die Hauptstadt des gallorömischen Frankreichs ist sicherlich einen ausgedehnten Stopp wert.

Wer dann noch Zeit und Kraft hat, kann bis Béziers weiterradeln, wo der „Vater des Kanals", Pierre-Paul Riquet, geboren wurde – und der Kanal mitten durch einen Berg hindurch führt, ehe die achtstufige Schleusentreppe von Fontsérannes den fulminanten Endpunkt der Tour markiert.

WEITERE INFORMATIONEN

Länge: 130 km ohne nennenswerte Steigungen.
Geführte Radtouren: La Bicyclette Verte, 36, route de St-Hilaire, F-79210 Arçais, Tel. 05 49 35 42 56, www.bicyclette-verte.com.
Führer: Philip Calas, Le Canal du Midi à Vélo (auch englisch), Édi-tion Édisud, ISBN 2-7449-0293-4, www.canalmidi.com/guide.html.
Association Vélo, Guide N°1, Toulouse-Sète à vélo le long du canal du Midi (nur französisch), erhältlich bei: Association Vélo, 5, avenue Colignon, F-31200 Toulouse, www.cartovelo.com

Frankreichs katalanischer Winkel

Überall flattert die rot-gelb gestreifte Flagge: Das Roussillon zwischen Mittelmeer und Pyrenäen ist seit Jahrhunderten politisches und religiöses Grenzland – mit katalanischen Wurzeln und Festungen Vaubans, mit den Burgen der „abtrünnigen" Katharer und den Kirchen und Klöstern der römisch-katholischen Kirche, die sie verfolgte. Fünf Jahrhunderte lang war seine Metropole Perpignan trotz wechselnder Macht-verhältnisse Kapitale der Katalanen gewesen, ehe die Region mit dem Pyrenäenvertrag 1659 endgültig an Frankreich kam.

Der Kreuzgang der Abtei St-Michel-de-Cuxa am Fuß des Canigou-Massivs wurde teilweise nach New York verkauft

Le Castillet ist das Wahrzeichen Perpignans – mit leicht bitterem Beigeschmack, war es doch im 17. und 18. Jahrhundert ein Gefängnis

Der bekannteste Bildhauer aus dem Roussillon, Aristide Maillol (1861–1944), lebte im Hinterland von Banyuls inmitten der familieneigenen Weinberge, aus deren Trauben der gleichnamige mahagonifarbene Süßwein gekeltert wird. Als Modell für seine üppigen Frauenplastiken, die in Perpignan die Place de la Loge, den Innenhof des Rathauses und den Palast der Könige von Mallorca (Foto) zieren, diente die blutjunge Russin Dina Vierny, seinerzeit ein Skandal.

Bunt zeigen sich die Märkte des Südens:
in Perpignans Altstadtgasse Rue Paratilla

„Perpinyá la catalana" steht stolz auf dem Ortsschild: Auch 460 Jahre nach dem Anschluss an Frankreich setzt Perpignan auf die katalanische Karte: Jeder Zweite spricht hier im Alltag nicht Französisch, lebt und feiert wie die spanischen Nachbarn. Dienstag und Donnerstag abends trifft sich alt und jung auf der Place de la Loge und tanzt die Sardana, den alten Reigen der Katalanen. Zu eigenwilligen Tönen und ungewöhnlichen Rhythmen bewegen sie ihre Füße in immer wiederkehrenden Schritten auf der Stelle. Dann heben sie plötzlich die Arme hoch und bilden eine Krone über den Kreis der Tanzenden. So unerwartet, wie das Spektakel begonnen hat, endet es auch

Perpignan blickt nach Süden. Zwischen Perpignan und Barcelona gibt es keine (kulturelle) Grenze.

– und die Menschen zerstreuen sich, verlieren sich im Gewirr der hohen, sanft erleuchteten Gassen. In den Bodegas fließt Vino Tinto, in den Restaurants begleitet Arroz Negro, schwarzer Reis, die Meeresfrüchteplatte.

Fast die gesamte Altstadt von Perpignan ist heute Fußgängerzone, umschlossen von einem Boulevardring mit unterirdischem Parkraum. Treffpunkt der Stadt und Ausgangspunkt jeglicher Stadtführungen ist das einzig erhaltene Stück Stadtmauer: Le Castillet, ein wuchtiger Ziegelbau mit katalanischem Heimatmuseum im Innern und Aussichtsplattform auf dem Dach. Gen Osten funkeln die schneebedeckten Bergspitzen der Pyrénées Orientales, gen Westen glitzert das Mittelmeer, gen Süden erhebt sich der Palau del Reis de Mallorca aus den Ziegeldächern der Altstadt. Im 12. Jahrhundert hatte der König von Mallorca die bis dahin autonomen Grafen von Roussillon beerbt. Bis 1344 blieb Perpignan die Residenz

Der Markt auf der Place de la Republique bietet Köstlichkeiten –
darunter den berühmten Knoblauch aus Lautrec und Pfirsiche aus Elne

Bei Vernet-les-Bains liegt die Abtei St-Martin-de-Canigou abseits der Welt zu Füßen des Canigou

Filmreife Ruine: Die Burg von Puivert war Kulisse in Roman Polańskis „Die neun Pforten"
und „Nomaden der Lüfte", einem Film über Zugvögel

Land der Dichter und Sänger

Westlich der Rhône und südlich der Loire erstreckte sich bis zu den Gipfeln der Pyrenäen ein legendäres Land: Okzitanien.

Okzitanien besaß nie staatliche Einheit, sondern umfasste die Herrschaftsgebiete der rivalisierenden Häuser Aquitaine, Catalongne und Toulouse, dennoch entwickelte sich eine ganz eigenständige Kultur. Ihre Sprache, die „Langue d'oc", war die erste europäische Literatursprache. An den Höfen huldigten Troubadoure wie Wilhelm von Aquitanien und Bernhard von Ventadorn höfischer Liebe und wurden mit ihrer Lyrik Vorbild der deutschen Minnesänger. Gern gesehene Gäste an den okzitanischen Höfen waren die Katharer – in den Augen der katholischen Kirche „Ketzer". Von 1209 bis 1244 systematisch verfolgt, starben mehr als eine Million Okzitanen. Nach der Französischen Revolution lösten die Jakobiner 1789 die regionalen Parlamente auf und teilten das Land in Départements, seit Napoléon zentralistisch verwaltet. Der Wille nach Unabhängigkeit und Eigenständigkeit blieb jedoch ungebrochen. „Volem viure!" – „Wir wollen leben!" – lautet der Leitspruch. Selbstbewusster als je zuvor pflegt Okzitanien seine alte Kultur: Ortsschilder sind zweisprachig, Okzitanisch ist in Toulouse und Montpellier ein Studienfach, Nationalsport nicht Fußball, sondern Rugby. Und jeden Sommer wird mit Ferias der Stierkampf gefeiert.

Auch die Troubadoure der Moderne, die dem französischen Chanson zur Weltgeltung verhalfen, kamen aus dem Süden: Georges Brassens aus Sète, Juliette Gréco aus Montpellier und Charles Trenet aus Narbonne. Später schwärmte Claude Nougaro „Ô Toulouse" mit jazzigem Rock und begeisterte Michel Polnareff mit „Love, please love me". Und die Vertreter des Nouvelle Chanson stammen ebenfalls aus dem Midi – Marianne Dissard wuchs in Toulouse auf, Bérangère Palix stammt aus der Ardèche, Olivia Ruiz aus Carcassonne.

des mallorquinischen Königreichs. Für geistlichen Beistand und weltlichen Schutz errichteten die Herrscher zwei Bauwerke, die heute zu Hauptsehenswürdigkeiten der Stadt gehören: die Kathedrale Sant Joan Baptista bzw. St-Jean-Baptiste, ein düsteres Gotteshaus mit winzigen Fenstern und riesigem Grabfeld Campo Santo im Kreuzgang, und den kantigen Königspalast Palau del Reis de Mallorca bzw. Palais des Rois de Majorque – nach dem Pyrenäenfrieden ummantelten die Franzosen die gotische Residenz mit einer riesigen, sternzackigen Festung. Kirche und Königspalast vereint eine Besonderheit des Mauerwerks: Nicht nur große Steinquader, sondern auch Kiesel und Ziegel schmücken die Fassade.

DIE KÜSTE DER KÜNSTLER

Unter den Künstlern, die Perpignan besuchten, fühlte sich ein Katalane besonders wohl: Salvador Dalí. Sein Monumentalgemälde des Bahnhofs von Perpignan lässt sich heute in der Sammlung Ludwig in Köln bewundern. Die meisten Maler jedoch zog es nicht in die Stadt, sondern hinaus ans Meer mit dem intensiven Licht und den leuchtenden Farben. Ihr Mekka wurde ein kleiner Fischerort an der felsigen Côte Vermeille: Collioure. 1905 kamen Henri Matisse und André Derain und machten

Elne war zu römischen Zeiten Hauptort des Roussillon. Seine Kathedrale Ste-Eulalie-et-Ste-Julie
beeindruckt durch ihren kunstvoll gestalteten Kreuzgang

Den alten Hafen von Collioure beherrscht eine einstige Residenz der mallorquinischen Könige.
Der Kirchturm von Notre-Dame-des-Anges diente zugleich als Seezeichen

Collioure, katalanisch Cotlliure genannt, ist zusammen mit Argelès-sur-Mer, Port-Vendres und Banyuls-sur-Mer touristisches Zentrum der Côte Vermeille

„Es gibt in Frankreich keinen blaueren Himmel als den von Collioure. Ich brauche nur die Fensterläden zu öffnen, und schon habe ich alle Farben des Mittelmeeres bei mir."

Henri Matisse, 1905

den einstigen Sardinenhafen zum Sujet der Fauvisten. Ihr Treffpunkt war eine Restaurantbar an der Hafenpromenade: „Les Templiers". Ihr Besitzer René Pous gab sich glücklicherweise auch mit Bildern zufrieden, sollte dem Künstler zum Begleichen der Zeche Bares fehlen. Sein Sohn Jojo, längst auch ein weißhaariger Senior, führte die Tradition fort – heute sind selbst die Stiegen eine Gemäldegalerie.

KIRSCHEN UND KUBISTEN

Häufiger Gast in der „Bar des Templiers" war auch Pablo Picasso. Auch er bezahlte sein Bier mit Bildern. Danach fuhr der gebürtige Andaluse jedoch heim nach Céret, der „Kirschenstadt" am Fuß des Pic de Canigou. Das milde Mikroklima lässt hier die roten Früchte früher als überall sonst in Frankreich reifen – das erste Körbchen erhält, oft schon Mitte April, traditionell der französische Staatspräsident.

1912 und 1913 experimentierte Pablo Picasso mit seinen Künstlerkollegen Georges Braque, Max Jakob, Juan Gris und Auguste Herbin mit Buchstaben, ovalen Formen und Papierschnitzeln – und machte das Bergstädtchen zum Mekka des Kubismus. Ein großartiges Museum der modernen Malerei, dem viele Künstler ihre Werke schenkten, erinnert daran.

HIMMEL UND HÖLLE

Nur wenige Kilometer weiter hat die Natur ein beeindruckendes Kunstwerk in den Kalk der Pyrenäen geschnitzt: die Gorges de la Fou. Ein kleiner Bach hat bei Arles-sur-Tech diesen bis zu 250 Meter tiefen und 1,7 Kilometer langen Canyon in den Fels gegraben, der an seiner engsten Stelle nur 80 Zentimeter breit ist. Über den Felsnasen glitzert weiß der Gipfel des Canigou, der heilige Berg der Katalanen. Für sie war die Schlucht ein gefürchteter Ort, eben die „Fou", die Hölle, und nicht, wie Frankophile zunächst denken mögen, „verrückt".

Auch für die Katharer lag die Hölle im Diesseits. Die Welt ist des Teufels, so die „guten Christen", und nur das Jenseits ein Gottesreich. Ihr Glauben sollte sich auf das Grausamste bewahrheiten. Ein nichtiger Anlass im Jahr 1208 führte zum gnadenlosen „Albigenser-Kreuzzug" – ob der in Aussicht gestellte Sündenerlass oder eher die reiche Beute reizten, gegen die „Ketzer" zu ziehen? Bis heute erheben sich die Ruinen ihrer Burgen als sichtbare Zeichen des Widerstandes auf den Vorbergen der Pyrenäen: Peyrepertuse, Aguilhar, Quéribus, Puivert und Montségur, mächtige Festungen, getränkt mit dem Blut Tausender – und verbunden durch den Wanderweg „Sentier de Cathare".

Der Messer-Mann

Vom traditionellen Schäfermesser „Montségur" bis zur Damaszenerklinge mit Zebuhorngriff: In La Bastide-sur-l'Hers fertigt Jean-Paul Tisseyre unverwechselbare Unikate.

FAKTEN

Jean-Paul Tisseyre, 1, rue Jean-Jacques Rousseau, F-09600 La Bastide-sur-l'Hers, Tel. 05 61 03 05 22, www.couteaux-tisseyre.com

La Bastide-sur-l'Hers, ein 700-Einwohner-Dörfchen. Platanen säumen die Ufer des Hers, auf einer Place spielen ältere Männer Boule. Ein, zwei Seitenstraßen weiter liegt das Atelier Tisseyre. Jean-Paul Tisseyre erhielt die höchste handwerkliche Auszeichnung, die Frankreich zu vergeben hat: Der untersetzte, kräftige Mann, der seit mehr als zehn Jahren mit einer wahren Präzisionsbesessenheit kunsthandwerklich Messer fertigt, ist ein „Meilleur Ouvrier de France".

Monsieur Tisseyre, wie entstand Ihre Liebe zu Messern?
Als Kind waren Messer für mich absolut verboten. Umso stärker faszinierten sie mich. Ohne das Wissen meiner Eltern bastelte ich mir heimlich mein erstes eigenes Messer. Im Alter von zwölf Jahren jagte ich damit meine ersten Hasen und Wildschweine ... Ich komme aus einer Familie, bei der schon immer Messer, Sensen und andere Geräte zum Schneiden und Teilen geschmiedet wurden. Rund um La Bastide-sur-l'Hers ist Landwirtschaft noch der größte Wirtschaftszweig, da werden solche Gerätschaften benötigt. Ich verließ die Schule sehr jung und machte eine Ausbildung als Dreher und Fräser. Doch dauerte es noch fast 20 Jahre, ehe ich mein Unternehmen gründen konnte und damit einen Weg fand, das zu machen, was ich am meisten liebe – Messer zu schmieden.
Kunsthandwerk bedeutet für Sie nicht nur handwerkliches Geschick ...

Die Wurzel einer Mispel, die Astgabel einer Pappel, das Holz von Buchsbaum, Olive oder Esskastanie, aber auch Perlmutt, Büffelhorn oder fossilem Mammut, selbst Giraffenknochen lassen sich zu einem Griff verarbeiten

Ich liebe die Präzision und versuche ständig, auch das noch so gelungene Messer weiter zu perfektionieren. Meine Messer sollen nicht nur schön sein, sondern auch technische Innovationen bieten. Den „Mécanisme Tisseyre" beispielsweise, eine Sicherheitsverriegelung im Zapfen der Klinge – ein Fingerdruck genügt, um das Messer zu öffnen.

Als Schaufenster der Branche gilt der „Salon de Thiers" in Laguiole, Heimat renommierter Messerschmiede. Fühlen Sie sich da nicht ein wenig wie David gegen Goliath?

Seitdem ich am „Salon de Thiers" teilnehme, wurden meine Arbeit und mein Streben nach Innovation anerkannt. 2003 schaffte ich es auf den zweiten Platz, 2004 wurde ich für mein Küchenmesser-Duo mit dem ersten Preis ausgezeichnet. Dieser Erfolg machte mir Mut, mich am 13. Wettbewerb „Un des Meilleurs Ouvriers de France" zu beteiligen.

Seit 1935 müssen bei diesem Wettbewerb die besten Handwerker nach Vorgaben oder Themen ein Werkstück fertigen. Als Sie mitmachten, traten Sie gegen 2664 Kollegen an, 220 wurden ausgezeichnet. Haben Sie sich überhaupt Chancen ausgerechnet?

Ich hoffte natürlich ... aber während ich am Wettbewerbsmesser arbeitete, war für mich nur eines wichtig: Perfektion und Schönheit. Dass ich dann zu den Auserwählten gehörte, die vom Präsidenten der Republik Anfang 2008 in der Sorbonne die Auszeichnung erhielten und zum Empfang in den Elysée-Palast eingeladen wurden, macht mich bis

heute stolz und glücklich. Und ist zugleich eine Verpflichtung für meine weitere Arbeit.

Monsieur Tisseyre, Sie leben und arbeiten heute noch dort, wo Sie 1962 geboren wurden – hat es Sie nie gereizt, in die Welt hinaus zu gehen?

Die Welt kommt zu mir (lacht). Doch, ganz im Ernst, meine Kunden aus Japan, Russland und anderen fernen Ländern schätzen es, dass ich in meiner Region verwurzelt bin. Und doch offen bin für ihre Ideen.

Selbst bei einem standardisierten Produkt wie dem „Couteau Montségur"?

Dieses traditionelle Messer der Pyrenäenschäfer wurde mein Markenzeichen, ein Messer der Region, praktisch, zuverlässig, für alle möglichen Arbeiten geeignet. Früher gab es nur eine Ausfertigung – bei mir können Sie wählen: eine Klinge aus Karbon-, Damaskus- oder Inoxstahl, ein Griff aus Holz oder edel geflammten Horn oder ...

Sind Ihre Unikate nicht unbezahlbar?

Die Handarbeit hat natürlich ihren Preis, aber für rund 50 Euro können Sie schon ein individuell gefertigtes Montségur-Messer erhalten.

Monsieur Tisseyre, welches Messer ist Ihr Lieblingsstück?

Immer dasjenige, das ich als Nächstes entwerfen und erstellen werde. Die nächste Herausforderung ...

Monsieur Tisseyre, wir danken Ihnen für das Gespräch und wünschen Ihnen weiterhin viel Erfolg!

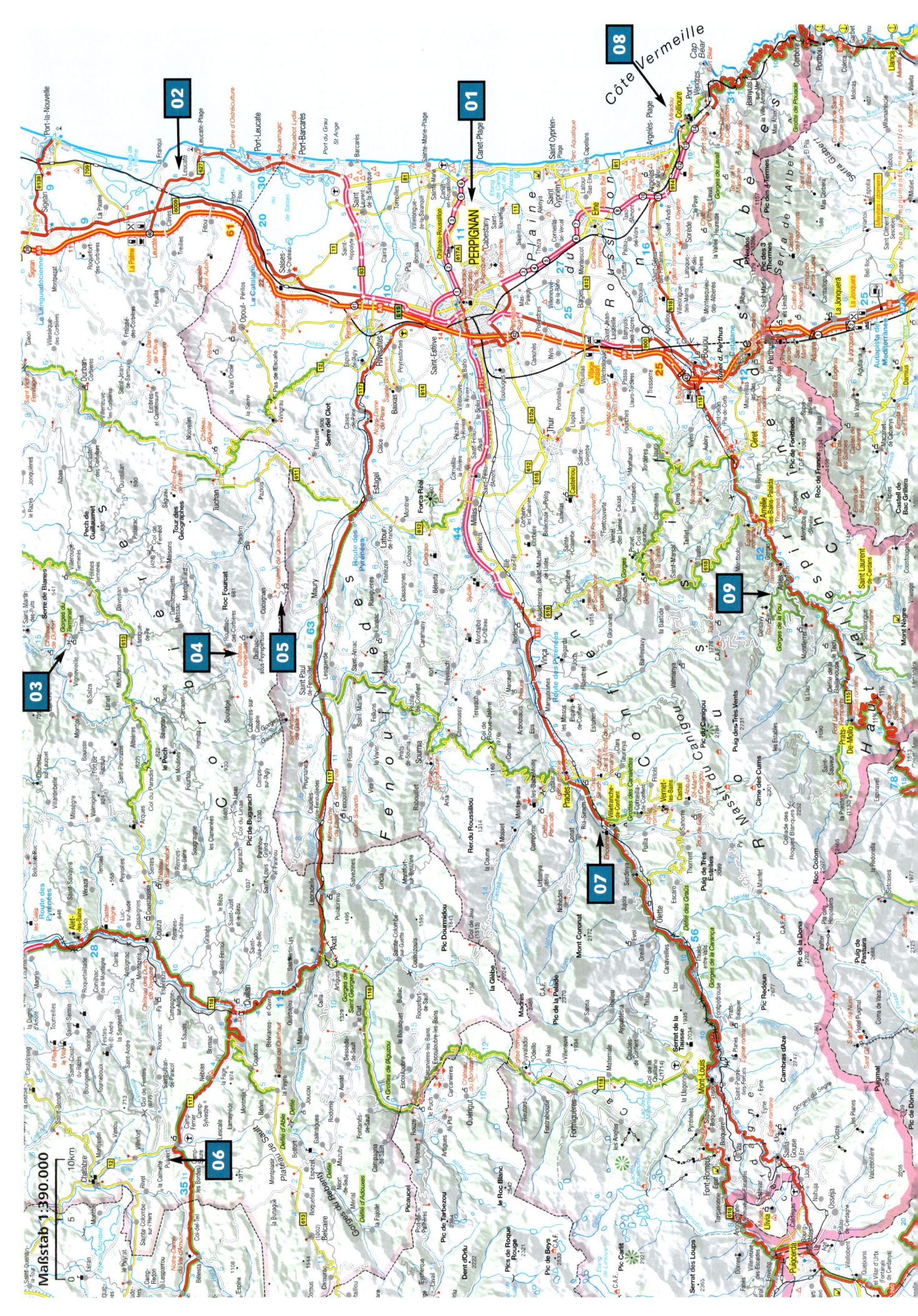

Lebenslust zwischen Meer und Gebirge

Fast fünf Jahrhunderte lang gehörte das Roussillon zum Königreich Aragon. Erst 1659 fiel es im Pyrenäenfrieden an Frankreich. Doch in den Städten und Dörfern, in der Kunst und der Küche, kommt es einem bis heute recht spanisch vor: Stolz lebt das alte Grenzgebiet zwischen den Osthängen der Pyrenäen und seiner berühmten Felsenküste Côte Vermeille seine katalanische Kultur – und genießt das Leben.

01 PERPIGNAN

Rot-Gelb allerorten die Fahnen: Perpignan (118 400 Einw.), das sich auf katalanisch Perpinya nennt, ist neben Barcelona wichtigstes Zentrum katalanischer Kultur. Von 1276 bis 1344 war Perpignan als Hauptstadt des Königreichs von Mallorca, zu dem auch die namengebenden Balearen gehörten, Mittelpunkt des Festlandsbesitzes. Seit 1659 französisch, ist die Stadt heute Départementssitz und lebt von landwirtschaftlichen Produkten sowie vom Tourismus.

Sehenswert

Fast ein Viertel der **Altstadt** nimmt der **Palais des Rois de Majorque** (Urspr. 1276) ein, ein imposanter Bau mit gotischem Rittersaal, Fliesen- und Fresken geschmückten königlichen Kapellen, doppelstöckigen Arkaden im Innenhof und der Kapelle Ste-Croix (Rue des Archers; Juni–Sept. tgl. 10.00–18.00, sonst tgl. 9.00–17.00 Uhr). Die **Cathédrale de St-Jean** (1324–1509) an der Place de Gambetta entstand in regionstypischem Stil aus roten Ziegeln und dunklem Lavagestein und besitzt einen gotischen Glockenturm aus Schmiedeeisen. Mit rosa Marmor gepflastert ist der alte Markt der Tuchhändler **Place de la Loge,** auf der die Katalanen zum Klang der Cobla die Sardana tanzen. Die **Loge de la Mer** (14. Jh.) diente als Börsengebäude und Seegerichtshof. Auf den gotischen Prachtbau folgt das Rathaus **Casa Consolar** (14. Jh.). Das Parlament der Region Languedoc-Roussillon ist im **Palais de la Députation** aus dem 15. Jh. untergebracht. Einblicke in kaufmännische Wohnkultur von einst gewährt die **Casa Xanxo** (1507, 8, rue de la Main de Fer; Mai–Sept. Mi.–Mo. 12.00–19.00, sonst Mi.–Mo. 11.00–17.30 Uhr). Alte Häuser und angenehme Restaurants säumen am Quai Sébastien Vauban das Ufer der Basse.

Museen

Der Torbau **Le Castillet** (14. Jh.), Rest der Stadtmauer, birgt das **Musée Casa Païral** mit Exponaten zu katalanischen Traditionen und Handwerk und bietet schöne Weitblicke auf die Stadt und das Umland (Mi.–Mo. 13.00–18.00 Uhr). Das **Musée des Beaux Arts Hyanzinthe**

Rigaud zeigt u. a. Gemälde von Dufy und Picasso sowie Skulpturen von Aristide Maillol (16, rue de l'Ange; Mi.–Mo. 10.30–18.00 Uhr).

Aktivitäten

Samstagabends, wenn die Rot-Gelben im Stade Aimé Giral kämpfen, ist die Stadt im **Rugbyfieber** – ihr Club USA Perpignan (www.usap.fr) gehört zu den besten Frankreichs.

Einkaufen

An eine orientalische Marktgasse erinnert die **Rue Paratilla** mit ihren Marktständen und überbordenden Auslagen. An der Place de Catalogne befindet sich das geschichtsträchtige Kaufhaus Dames de France (1910), das neben dem Medienmekka fnac zehn weitere Geschäfte birgt. Im **Maison Quinta** (3, rue Grande des Fabriques, www.maison-quinta.com) dreht es sich auf vier Etagen um die katalanische Lebensart – mit Möbeln, Küchengeräten, Delikatessen, Kunsthandwerk und Kinderspielzeug.

Hotel und Restaurant

Edith Piaf, Orson Welles, Salvatore Dalí und Antoine de St-Exupéry haben schon im €€€€ **Hôtel de France** logiert (26, quai Sadi Carnot, F-66000 Perpignan, Tel. 04 68 34 92 81, www.hoteldefrance-perpignan.fr).
Eine Tapas-Platte mit Meeresfrüchten und Arroz Negro ist die Spezialität der Brasserie €/€€ **La France** (Place de la Loge, Tel. 04 68 51 61 71).

Information

Office de Tourisme, Palais des Congrès, Place Armand Lanoux, BP 40215, F-66002 Perpignan Cedex, Tel. 04 68 66 30 30, Fax 04 68 66 30 26, www.perpignantourisme.com

02 LEUCATE

Weiße Felsen (griech. Leukos) gaben dem Küstenort zwischen Weinbergen und Austernbänken seinen Namen. Im Winter leben hier 4100 Menschen – im Sommer tummeln sich hier bis zu 60 000 Feriengäste am 16 km langen Sandstrand. Besonders beliebt ist Leucate bei Surfern, die auf den Étangs von Leucate und Salses, in Le Franquie und am stets windigen Cap Leucate ideale Bedingungen vorfinden. Im Mittelalter war Leucate Grenzort zu Spanien und durch seine exponierte Lage Kontrolposten für den Land- und Seeverkehr.
Leucate besteht aus vier Ortsteilen: dem alten Dorf Leucate Village, über dem eine Burgruine aus dem 11. Jh. thront, dem Strandbad Leucate Plage, dem im frühen 20. Jh. gegründeten Badeort La Franqui und der modernen Feriensiedlung Port Leucate mit Platz für 1100 Boote.

Bis heute mächtige Festungsanlage: Salses

Aktivitäten

In dem Ferienort für Aktive stehen **Mountain-Biken** und alle Arten von **Wassersport** hoch im Kurs. Einmalig in Europa ist der **Skyfly** – mit einem gesicherten Drachen können Gäste 12 m hoch über Strand und Mittelmeer fliegen.

Veranstaltungen

Dix Kilomètre de la Corrège ist ein Langstrecken-Lauf (März; www.10kmdelacorrege.com), ein Kite- und Windsurf-Wettbewerb **Mondial du Vent** (April; www.mondial-duvent.com), ein katalanisches Volksfest **Sol y Fiesta** (Mai; www.solyfiesta.com).

Hotels und Restaurants

In Leucate dominieren Ferienwohnungen. Eine einfache, bei Surfern beliebte Herberge mit schmackhafter Küche ist das € **Hotel de la Plage** (10, avenue du Front-de-Mer, F-11370 La Franqui, Tel. 04 68 45 70 23, Fax 04 68 45 65 64, www.hotel-de-laplage.com). In einem alten Stadthaus schuf der Maler Nicolas Galtier das wundervolle Bed & Breakfast €€ **La Galerie**, das moderne Kunst, Antiquitäten und eigene Werke stilvoll verbindet (16, place de la République, F-11370 Leucate-Village, Tel. 04 68 40 82 46, www.nicolas-galtier.com). Oberhalb der Klippen von Leucate servieren Stéphanie & Alexandre Klimenko im €€/€€€ **Klim & Ko** (Le Grang Cap, Chemin du Phare, www.klimenko.fr) eine fein komponierte Meeresküche zum Panoramablick aufs Mittelmeer.

Umgebung

Die gewaltige Festung von **Salses ▶TOPZIEL** (25 km südw.) mit zehn Meter dicken Mauern, Zugbrücken und abgerundeten Türmen, um Kanonenkugeln abzulenken, ließ König Ferdinand

Infos

von Aragon um 1500 an der Grenze des katalonischen Roussillon zum Languedoc errichten (Salses-le-Château, http://salses.monuments-nationaux.fr; April–Sept. tgl. 10.00–18.30, Okt. bis März 10.00–12.15, 14.00–17.00 Uhr).
Safari-Feeling vermittelt die 300 ha große **Réserve africaine de Sigean** (25 km nördl.). 3800 wilde Tiere streifen durch die „Steppe", tausende Pelikane und Flamingos bevölkern die Gewässer (www.reserveafricainesigean.fr; April–Sept. tgl. 9.00–18.30, sonst kürzer).

Information
Office Municipal de Tourisme, Espace Culturel, F-11370 Leucate, Tel. 04 68 40 91 31, http://de.tourisme-leucate.fr

03 – 06 KATHARER-BURGEN

Die Katharerburgen, spektakulär auf Bergkuppen und Felskämmen vor allem der Corbières gelegen, sind stumme, steinerne Zeugen des Kampfes zwischen der katholischen Kirche und den Abtrünnigen im unabhängigen Süden. 1210 hielt Lehnsherr Raymond de Termes vier Monate lang der Belagerung stand – erst der Wassermangel zwang die Katharer, 03 **Château de Termes** aufzugeben. Die gewaltige 04 **Festung Peyrepertuse**, die auf einem 790 m hohen Felsrücken über dem Dörfchen Duilhac thront, besteht aus einer Unter- und Oberburg. Als letztes Widerstandsnest der Katharer wurde 1255 05 **Château de Quéribus** eingenommen, das waghalsig auf schroffem Felskamm balanciert. 06 **Château de Puivert** war im 12. Jh. die Burg der Troubadoure – heute treten Schauspieler und Sänger in ihre Fußstapfen. Die 220 Katharer, die sich auf **Montségur** (westl. Puivert außerhalb der Detailkarte, südl. Lavelanet) verschanzt hatten, wurden nach der Einnahme der Festung 1244 auf Scheiterhaufen verbrannt.

Museen
Die Lebensweise der Katharer lässt sich im **Château-Musée Montségur** nachvollziehen (Nov.–März tgl. 14.00–17.00, Apr., Okt. 14.00 bis 18.00, Mai–Sept. 11.00–13.00, 14.00–19.00Uhr). Das Museum im **Château de Villerouge-Termenès** (östl. Termes) zeichnet das Leben des letzten Katharerführers, Guilhèm Bélibaste, nach (Juli/Aug. tgl. 10.00–19.30, April–Juni und 1. Okt.-Hälfte Mo.–Fr. 10.00–13.00, 14.00 bis 18.00, Sa./So. 10.00–18.00, März und 2. Okt.-Hälfte–Dez. Sa./So. 10.00–17.00 Uhr). Über die Musik der Troubadoure informiert das **Musée du Quercorb** (16 rue Barry du Lion, Puivert, www.quercorb.com; Mitte Juli–Aug. tgl. 10.00 bis 19.00, April–Mitte Juli und Sept. 10.00 bis 12.30, 14.00–18.00, Okt. 14.00–17.00 Uhr).

Veranstaltung
Zur **Grande Fête Médiévale de Peyrepertuse** (Aug.) gehören Falkner-Vorführung, Mittelalter-Bankett, Markt und Ritterspiele.

Aktivitäten
Der 200 km lange **Sentier Cathare** verläuft vom Mittelmeer durch die steinige Weinlandschaft der Corbières bis an die Pyrenäen südlich von Toulouse. Bei den oft sehr steilen Aufstiegen zu den Burgen auf festes Schuhwerk, sicheren Tritt und viel Trinkwasser achten!

Information
Association des sites du Pays Cathare, 14, rue du 4 septembre, F-11000 Carcassonne, Tel. 04 68 11 37 97, www.payscathare.org

07 VILLEFRANCHE-DE-CONFLENT

1092 gründeten die Grafen der Cerdagne am Zusammenfluss von Têt, Cady und Rotja die freie Stadt „Vila Franca". Sie wurde 1681 von Vauban mit sechs Eckbastionen verstärkt und gehört als eine von 14 Stätten zum Unesco-Welterbe „Vaubans Festungsbauten".

Sehenswert
Zugang zur **Cite Médiévale** gewähren nur die monumentale Porte de France im Osten und die Porte d'Espagne im Westen. Die beiden Hauptstraßen St-Jean und St-Jacques flankieren mittelalterliche Fassaden. Aufgang zur vollständig erhaltenen Stadtmauer (16./17. Jh.) ist 32, rue Saint Jacques. Zum von Vauban angelegten und von Napoleon verstärkten **Fort Liberia** (17.–19. Jh., www.fort-liberia.com; Juli und Aug. tgl. 9.00–20.00, Mai, Juni 9.00 bis 19.00, sonst 9.00–18.00 Uhr) verkehrt ein Pendelbus. Zurück geht es über die von Napoleon angelegte unterirdische Treppe Mille Marches, die nicht 1000, sondern „nur" 775 Stufen hat.

Im „Les Templiers" von Collioure

Umgebung
Das benachbarte **Prades** war Exil des Cellisten Pablo Casals (1876–1973), an den die Konzerte des Bach-Festivals in der romanischen Ortskirche St-Pierre und in der **Abtei St-Michel-de-Cuxa** (Urspr. 10. Jh.) erinnern.

Information
Office de Tourisme, 32 bis, rue St-Jacques, F-66500 Villefranche-de-Conflent, Tel. 04 68 96 22 96, www.villefranchedeconflent.com

08 COLLIOURE

Zwei Dinge machten **Collioure** (3000 Einw.) berühmt: Anchovis – und die Fauves-Maler („die Wilden"), die den malerischen Hafenort an der Côte Vermeille in immer neuen Ansichten auf die Leinwand bannten. Heute ist der Tourismus wesentliche Einkommensquelle – entsprechend sind die Wassersportangebote.

Sehenswert
1905 entdeckten Henri Matisse (1869–1954) und André Derain (1880–1954) Collioure; der **Chemin du Fauvisme** dokumentiert mit Hilfe von Reproduktionen (20 Stationen), wie die Fauvisten ihre Ansichten festgehalten haben. Zu den Motiven gehörte auch die Wehrkirche **Notre-Dame-des-Anges,** 1684–1691 von Vauban errichtet; ihr düsteres Inneres birgt neun Schnitzretabeln, u. a. den vom Katalanen Joseph Sunyer 1698 geschaffenen Hochaltar. Ihr Glockenturm war zugleich Leuchtturm. Motive

DuMont Aktiv

fanden die Maler auch im blumengeschmück-ten **Vieux Carré du Moure** mit schmalen Gassen und Treppen. Das **Château Royal,** auf dem Fundament eines römischen Castrum er-richtet und 1276–1344 Sitz der Könige von Mallorca, erhielt sein heutiges Gesicht bis 1673 unter Vauban, der die Festung ausbaute und verstärkte (Juli/Aug. 10.00–19.00, Juni, Sept. bis 18.00, Okt.–Mai 9.00–17.00 Uhr).

Nicht aus der katalanischen Küche wegzu-denken sind **Anchovis** – in Collioure und in **Port-Vendres** werden sie seit jeher gefischt und verarbeitet (Betriebsbesichtigungen: Ets. Roque, 17, Route d'Argeles/Mer, Tel. 04 68 82 04 99; Ets. Desclaux, 3, route d'Arge-les/Mer, Tel. 04 68 82 05 25, http://anchois-roque.fr, Mo.–Fr. 8.15–11.45, 14.05–16.45 Uhr).

Museum

Im **Musée d'Art Moderne** sind u. a. Werke von Balbino, Giner, Descossy, Perrot, Baloffi und Cocteau zu sehen (Route de Port Vendres; www.collioure.net/museedartmoderne, Juli/Aug. tgl. 10.00–12.00, 14.00–18.00, sonst Mi. bis Mo. 10.00–12.00, 14.00–18.00 Uhr).

Hotel und Restaurant

Ganze Künstlergenerationen haben im €€ **Hô-tel Les Templiers** Kost und Logis mit eigener Kunst bezahlt – ihre Gemälde, mehr als 2000, schmücken Stiegen, Gaststuben und Zimmer (12, quai de l'Amirauté, F-66190 Collioure, Tel. 04 68 98 31 10, www.hotel-templiers.com).

Die traditionelle Küche des katalanischen €€/€€€ **Le Trémail,** hat einen großen Freun-deskreis (1, rue Arago, Tel. 04 68 82 16 10).

Umgebung

Eine wirklich herrliche Aussicht auf die Küste und die Pyrenäen bietet sich vom Signalturm **Tour de la Madeloc** in 656 m Höhe (westl.), zu dem außer der D 86 auch mehrere Wander-wege führen.

Das 15 km nördlich liegende **Elne** (www.ot-elne.fr) ist die älteste Stadt des Roussillon und war vom 6.–17. Jh. geistliche Hauptstadt und Bischofssitz; die Cathédrale Ste-Eulalie-et-Ste-Julie geht auf das 11. Jh. zurück.

Kunstfreunde sollten einen Abstecher nach **Céret** (30 km westl., www.ot-ceret.fr) ein-planen, einst Mekka für Kubismuskünstler – das Musée d'Art Moderne (www.musee-ceret.com; Juli–15. Sept. tgl. 10.00–19.00, 16. Sept.–Juni Mi.–Mo. 10.00–18.00 Uhr) besitzt mehr als 50 Werke von Picasso und Marc Cha-galls berühmte „Kuh unter dem Regenschirm".

Information

Office de Tourisme, Place du 18 juin, F-66190 Collioure, Tel. 04 68 82 15 47, Fax 04 68 82 46 29, www.collioure.com

In den Gorges de la Fou

Sie gilt als schmalste Schlucht der Welt und Heimstätte von Furcht erregenden Geistern und Hexen: die Gorges de la Fou unterhalb des Mont Canigou (2784 m), des heiligen Berges der Katalanen.

Zwei Kilometer flussaufwärts von Arles-sur-Tech **09** im Vallespir endet die Zufahrt zur Schlucht an einem kleinen Parkplatz, hinter dem rötlich schimmernde Felsen aufragen. Ausgerüstet mit einem Schutz versprechenden Helm geht es am Rand des Wildbaches Rich-tung Klamm, wo eine 1,2 km lange Wanderung durch eine fast un-wirkliche Spalte im Berg beginnt – bis auf einen Meter rücken die mehr als 200 m hohen, ausgewa-schenen Felswände an die Wande-rer heran. Auf Gitterrosten gelangt man immer weiter aufwärts, wäh-

rend sich ein Bach sprudelnd über Felsen in die Tiefe stürzt. Nicht minder faszinierend ist die Vege-tation, die im Zwielicht der schrof-fen Felsen gedeiht. Dann wieder führt der Weg unter den Felsen hindurch, verläuft durch einen Tunnel oder überwindet stufen-reich besonders starkes Gefälle. Für Sicherheit und Beruhigung sorgen Netze, um herunterfal-lende Steinbrocken aufzufangen, und Notfall-Telefone. Nach rund 50 Min. endet der Stahlgitterweg auf einem kleinen Plateau, das mit Sitzmöglichkeiten zur Rast lädt.

WEITERE INFORMATIONEN

Allgemein: Les Gorges de la Fou, F-66150 Arles-sur-Tech, Tel. 04 68 39 16 21, www.tourisme-haut-vallespir.com; April–Sept. 10.00 bis 18.00, Okt. 10.00–17.00 Uhr.

Unterkunft: Der alte katalanische Hof „Can Rigall", www.canrigall.com, birgt zwölf rustikale Zimmer (Buchung: Basecamp Explorer Py-renees, P. O. Box 24, F-66150 Arles-sur-Tech, Tel. 06 29 85 64 40, www.basecampexplorer.com).

Roter Backstein und blauer Pastel

Toulouse, la ville rose. Fast zärtlich wird der Name genannt, fast so, als könne ein Zauber verfliegen. Toulouse, die rötliche Stadt, ist einer rühmlichen Vergangenheit und – dank Airbus – hoch fliegenden Zukunftsplänen gleichermaßen verpflichtet. Wenn das Licht des Tages über die Fassaden und Dächer der Großstadt im Bogen der Garonne gleitet, leuchtet der Backstein von Gold bis Tiefrot, brennt „Tolosa", das alte Zentrum Okzitaniens, in den Farben des Südwestens.

Toulouser Abendstimmung an der Garonne – mit der Brücke
Pont St-Pierre und der Kuppel der Chapelle Saint-Joseph de la Grave

Die Arkaden an der Place du Capitole schmückt moderne Kunst mit Szenen aus der Stadtgeschichte

Toulouse
102–103

Natur als multimediale Inszenierung: Museum für Naturgeschichte

Ein Schloss für die Stadtherrn: das Rathaus der „Capitouls" an der Place du Capitole

„Du römisches Toulouse, in dem ich in schöneren Zeiten die Dichtung als Blumen pflückte."

Victor Hugo, 1831 in seinen „Herbstblättern"

Ihre bewegte Geschichte erzählt die „Galerue" auf 29 Deckengemälden in den Arkaden der Place du Capitole. Sie berichten vom Wirken der „Capitouls", der Ratsherren, und der „Trobadors", vom Katharerkreuzzug, Luftfahrtpionieren, Musikersöhnen wie Carlos Gardel und Claude Nougaro und der Rugby-Leidenschaft des französischen Südens. Als das Areal vor dem Rathaus neu gepflastert wurde, beauftragte die Stadt den Künstler Raymond Moretti, ein fast 20 Tonnen schweres Kreuz des Languedoc anzufertigen. Im Licht der Abendsonne erstrahlt das tagtäglich von vielen tausend Füßen polierte Bodenmotiv aus Bronze als leuchtender Stern. Ein schönes Symbol für die Stadt – von den Zeiten zwar geschliffen, dennoch glanzvoll geblieben.

An der Place St-Georges rücken Kellner in langen weißen Schürzen die Tische für den Mittagsgast zurecht. Das Viertel wurde in den 1970er-Jahren großteils neu aufgebaut, doch erwies die moderne Architektur dem traditionellen Backstein ihre Reverenz. Behutsam restauriert wurden auch die Wasserstraßen, Brücken und Schleusenanlagen des Canal du Midi. Industriegebäude, Handelshäuser und Bürgervillen ließ der frühere Langzeitbürgermeister Dominique Baudis umbauen, ein Kornspeicher wurde Konzertsaal, das

Schlachthaus angesagtes Museum für moderne Kunst. Mit einem Spagat von Canaletto bis Bonnart lockt die „Fondation Bemberg" Besucher in die Räume des Hôtel Assézat. Das prachtvolle Renaissancepalais zählt zu den eindrucksvollen Zeugen jener Zeit, die Basis für den Reichtum und Unabhängigkeitswillen der Stadt war. Das Geheimnis liegt im unscheinbaren gelb blühenden Pastel oder Färberwaid, heute eher als Wildkraut betrachtet. Es lieferte den Tuchmachern des mittelalterlichen Europa die damals meistverlangte Farbe: Blau. Die Händler, Pastellprinzen genannt, verewigten ihren schnellen Reichtum in Steinen, die himmelwärts wiesen: in Türmen aus Backstein, die nur eine Botschaft kannten – je höher, desto reicher.

500 Jahre später gilt dies noch immer, wie die 55 Meter hohe Kopie der Trägerrakete „Ariane V" beweist. Das Wahrzeichen des Erlebnismuseums „Cité d'Espace" soll die führende Rolle der Hauptstadt Okzitaniens auf dem Gebiet der Weltraumtechnik hervorheben. Der Traum vom Fliegen hat schon früh die Stadt geprägt. 1890 erhob sich hier Clément Ader mit seiner „Eole" in die Luft. Heute bildet die Clément-Ader-Halle auf dem Airbus-Gelände den größten Montagekomplex Europas – 277 Tennisplätze hätten darin Platz.

Für regionalen Wein, Käse und Charcuterie ist die Traditions-Weinbar „Père Louis"
in der Rue du Tourneurs bekannt

Abendlicher Treff: die Brasserie „Bibent" an der Place du Capitole

Nicht weniger ambitioniert wird für das leibliche Wohl der Airbus-Manager und ihrer Gäste gesorgt: Der Zwei-Sterne-Koch Michel Sarran ersteht seine Zutaten an den 100 Ständen des Marché Victor Hugo – Foie Gras bei Massat, Fisch bei Bellocq, Käse chez Betty.

KUNSTVOLLES TARNTAL

Nicht mit verführerischer Küche, sondern mit der Kunst ist der Name Albis verbunden. 1864 wurde in der Stadt am Tarn ein Mann in die uralte, einflussreiche Familie der Grafen von Toulouse hineingeboren, der später für seine ungeschminkten Szenen aus dem Pariser Nachtleben weltberühmt wurde: Henri de Toulouse-Lautrec. Eine Erbkrankheit und zwei Beinbrüche machten ihn mit 14 Jahren zu einem zwergwüchsigen Krüppel. Im Leid entdeckte der junge Adlige seine Liebe zur Malerei. 1881 zog er nach Paris. Eine Bleibe fand er auf Montmartre, mitten im Milieu der Dirnen und Künstler. Das nächtliche Treiben in den Bars und Bordellen wurde seine Inspirationsquelle, Alkohol ließ ihn sein körperliches Elend vergessen. Als er mit 36 Jahren im Schloss von Malromé starb, hinterließ er sein Œuvre seiner Geburtsstadt Albi: mehr als 500 Ölgemälde, Zeichnungen und Lithografien, die seit 1922 hinter den

Toulouse ist seit jeher ein Ort des „Gai savoir". Auch die Kreuzritter konnten die „Lebenskunst" nicht vertreiben.

dicken Backsteinmauern des Palais de Berbie im Musée Toulouse-Lautrec bewundert werden können.

Zu den Bewunderern des Malers gehört der Meisterbäcker St-Honoré, der ihm zu Ehren den „Gâteau Lautrec", den „Lautrec-Kuchen", kreiert hat: Bananen-Karamell auf Mousse de Chocolat. Sein Laden in der Rue St-Julien liegt nur einen Steinwurf vom Museum entfernt,

Auf dem Marché Victor Hugo in der Markthalle gibt es weit mehr als Käsesorten

Zu den im 13. und 14. Jahrhundert planmäßig und schachbrettartig errichteten sogenannten Bastides, Festungsstädten, gehört ein von Arkaden gesäumter zentraler Marktplatz – Montauban macht da keine Ausnahme

Albis großer Schatz: Toulouse-Lautrec-Museum

Wochenmärkte – wie hier in Gaillac – sind im Süden Frankreichs noch eine Selbstverständlichkeit

Albi am Fluss Tarn: Die Gärten und Terrassen des Palais de la Berbie wurden im 17. Jahrhundert „à la française" angelegt –
mit akkurat geschnittenen Büschen und Pflanzenornamenten

mitten in der Altstadt, die Albi wegen der hier verwendeten Mauerziegel den Beinamen „La Rouge" eingebracht hat: roter Backstein, wohin man schaut – selbst die riesige Kathedrale mit ihren bis zu sechs Meter dicken Mauern wurde in Ziegelbauweise errichtet, ein Weltrekord. 2010 wurde die alte Bischofsstadt als Weltkulturerbe in die Liste der UNESCO aufgenommen.

ANTIKES REBENLAND
Das südliche Tarntal zwischen Albi und Toulouse gehört zu den ältesten Weinbaugebieten Frankreichs. Bereits vor der Ankunft der Römer wurden rund um Gaillac Reben gekeltert. Zeugnis ge-

ben davon Töpferfunde aus dem 2. Jahrhundert vor Christus, die bei Montans am linken Tarnufer gefunden wurden. Als offizieller Beginn „neuzeitlichen" Weinbaus gilt die Gründung der Benediktinerabtei St-Michel im Jahr 972, die zum Zentrum des Weinbaus avancierte und im Mittelalter den „Vin de Coq" aus Gaillac bis nach England und in die Niederlande exportierte.

BESCHAULICHE TRÄGHEIT
Bereits im 13. Jahrhundert legten die Grafen von Toulouse, eine Qualitätscharta für Gaillac-Weine fest. Auf den sanft gewellten Hügeln zwischen den Ufern des Tarn und den Kalkböden bei

Cordes-sur-Ciel werden bis heute vorwiegend alte einheimische Rebsorten wie Mauzac, Duras, Braucol und Len de l'El angebaut, die nur in diesen Lagen zu finden sind. Taubenhäuser und Pinien erheben sich aus dem Grün der Rebfläche, eine beschauliche Trägheit liegt über dem Land. Verschifft wurden die Weinfässer von den beiden Flusshäfen Lislesur-Tarn und Rabastens. Letzterer ist bis heute in aller Munde, ist er doch Bestandteil der bis heute beliebten Redensart: „Être entre Gaillac et Rabastens", „zwischen Gaillac und Rabastens sein", bedeutet im Volksmund „betrunken sein".

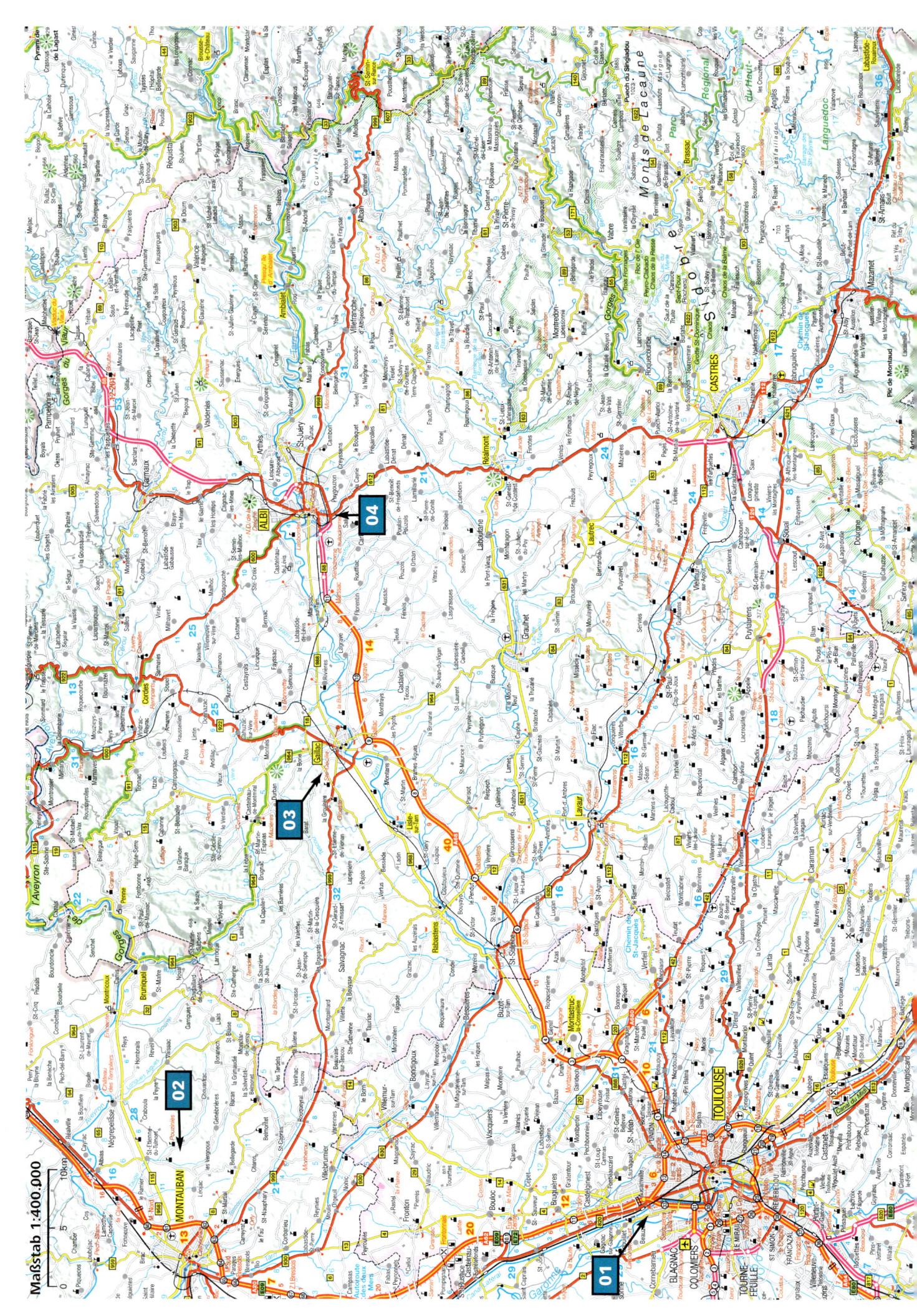

Infos

In den Farben Blau und Rot

Färberwaid machte im späten Mittelalter die „Pastelprinzen" reich, die in den „roten Städten" Albi und Toulouse prachtvolle Stadtpaläste errichteten. Meister der Farben waren auch Ingres aus Montauban und Henri de Toulouse-Lautrec aus Albi.

01 TOULOUSE

Bis 1229 war Toulouse als Sitz der gleichnamigen Grafen Hauptstadt des Languedoc; Kreuzritter beendeten die 400 Jahre während Blüte der Katharerhochburg. Heute ist Frankreichs viertgrößte Metropole (450 000 Einw.) mit 115 000 Studenten zweitgrößte Universitätsstadt (seit 1233) des Landes und Luftfahrtkapitale (Airbus). Als anspruchsvoll und vielseitig gilt „Tolosa", wie die Römer ihre Straßenstation zwischen Narbonne und Bordeaux nannten, auch kulturell mit seinem prall gefüllten Veranstaltungs- und Festivalkalender.

Sehenswert

Treffpunkt, Marktplatz und Zentrum der Macht ist die **Place du Capitole** mit dem hier **Capitole** genannten Rathaus (1759) – wegen der acht Ratsherren (Capitouls), die seit dem 12. Jh. die Stadt regierten und in den Säulen der Fassaden symbolisiert sind. Im rechten Flügel des 128 m langen klassizistischen Prunkbaus präsentiert das **Théâtre du Capitole** Kammermusik, Ballett und Opern (www.theatre-du-capitole.org). Die riesige romanische **Basilika St-Sernin** ▶TOPZIEL (11.–16. Jh.) ist mit achteckigem Glockenturm Station auf dem Jakobsweg; rund um die Unesco-Welterbestätte finden So.-vormittags ein Kram- und Trödelmarkt statt. Über die Rue A. Lautmann und Rue Valade geht es zur idyllischen **Place St-Pierre**, dann am Ufer der Garonne oder dem Hochuferweg Quai Lucien Lombard/Quai de la Daurade bis zum **Pont Neuf** – die „neue Brücke" (1544–1632) ist die älteste der Stadt! Je höher, desto reicher – das verkündeten die Türme der Kaufmannsresidenzen meist im Renaissancestil. Den höchsten besaß das **Hôtel de Bernuy** (1530–1550; 1, rue Gambetta, heute Lycée Pierre-de-Fermat). Das **Hôtel d'Assézat** (1557, Place d'Assézat) beheimatet heute die „Fondation Bemberg". Prosper Mérimée rettete die in den Religionskriegen stark beschädigte **Église des Jacobins** (um 1230) vor dem Verfall und sorgte dafür, dass das Meisterwerk der Gotik bis heute gefangen nimmt – mit seinem „Palmengewölbe" in 28 m Höhe, schlanken Säulen, Glasfenstern und idyllischem Kreuzgang. 500 Jahre wurde an **St-Étienne** gebaut (11.–17. Jh.); die Kathedrale wirkt daher etwas uneinheitlich, zeigt aber im Innern Sehenswertes, u. a. Bildteppiche (16.–18. Jh.).

Das Kreuz des Languedoc in Toulouse

Museen

Das **Musée d'Histoire Naturelle** ist eine multimediale Mega-Schau mit 2,5 Mio. Tier- und Pflanzenpräparaten, Kinderlabor und Gemüsegarten (35, allées Jules Guesde, www.museum.toulouse.fr; Di.–So. 10.00–18.00 Uhr). Das 2012 revonierte **Les Abattoirs Musée d'Art Moderne et Contemporain** zeigt in ehem. Schlachthöfen zeitgenössische Kunst (76, allées Charles-de-Fitte, www.lesabattoirs.org; Mi.–Fr. 10.00–18.00, Sa./So. 11.00–19.00 Uhr). Der 1823 erbaute Wasserturm **Château d'Eau** wurde zur hervorragenden Foto-Galerie (Cours Dillon/Pont Neuf, www. galeriechateaudeau.org; Di.–So. 13.00–19.00 Uhr). In einem ehem. Kloster (1795) präsentiert das 2011/2012 renovierte **Musée des Augustins** eine außergewöhnliche Skulpturen- und Gemälde-Sammlung – 4000 Werke, u.a. Arbeiten von Rubens, Delacroix und Corot (21, rue de Metz, www.augustins.org; tgl. 10.00–18.00, Mi. 10.00–21.00 Uhr, 1. So. im Monat Eintritt frei). Das **Musée Paul Dupuy** besitzt u. a. Zeichnungen von Ingres und Toulouse-Lautrec (13, rue de la Pleau; Juni–Sept. Mi.–Mo. 10.00–18.00, sonst Mi.–Mo. 10.00–17.00 Uhr). Die **Fondation Bemberg** bietet Cézanne, Monet, Gauguin und weitere Impressionisten (Place d'Assézat, www.fondation-bemberg.fr; Di.–So. 10.00–12.30, 13.30 bis 18.00, Do. bis 21.00 Uhr Uhr). In die Zeiten „Tolosas" entführt das **Musée des Antiques St-Raymond** mit römischen Skulpturen und mittelalterlichen Objekten (Place St-Sernin, www.saintraymond. toulouse.fr; Juni–Sept. tgl. 10.00–19.00, sonst tgl. 10.00–18.00 Uhr).

Aktivitäten

Sightseeing auf 228 km markierten Radwegen ermöglicht **VélÔToulouse** (www.velo.toulouse.fr) mit 2400 Leihrädern an 253 Stationen. Die Stadt ist eine Hochburg des **Rugby** – samstags spielen die Rot-Schwarzen im Stade Ernest Wallon (www.stadetoulousain.fr).
Der 2012 renovierte und um eine Ausstellung zum Mars bereicherte multimediale Weltraum-

Tipp

Geburt der Superflieger

Der A380 ist das größte Verkehrsflugzeug der Welt, der bis zu 800 Passagiere auf zwei Etagen transportieren kann. Wie der Langstreckenjet entsteht, zeigt Airbus bei der 90-minütigen Führung „Circuit Jean-Luc Lagardère". Zwei weitere Touren folgen den Spuren der Concorde.

Taxiway (Industrieführungen), Village Aéroconstellation, Rue Franz Joseph Strauss, F-31700 Blagnac, Tel. 05 34 39 42 00, www.taxiway-resa.fr Nach der für 2014 geplanten Eröffnung des Aéroscopia-Museums auf dem Airbus-Gelände starten alle Touren dort!

park **Cité de l'Espace** am östl. Stadtrand entführt in fremde Galaxien – mit 170 interaktiven Exponaten, Planetarium, Wetterstation, IMAX-Kino und einer Welthalbkugel mit 3 D-Animation. Attraktionen des Außengeländes sind die Trägerrakete „Ariane 5" und die MIR-Raumkapsel (Parc de la Plaine, avenue J. Gonord, www. cite-espace. com; Juli und Aug. tgl. 9.30–19.00, sonst tgl. 9.30–17.00 Uhr).

Veranstaltungen

Diverse Sport-, Kultur- und andere Veranstaltungen begleiten durch das Jahr vom Zeitgenössischen Tanz im Jan. bis zum Weihnachtsmarkt im Dez. (Infos beim Office de Tourisme).

Einkaufen

Alles zum berühmten **Veilchen von Toulouse** gibt es bei Hélène Vié auf ihrer schwimmenden Maison de la Violette (2, boulevard de Bon repos, www.lamaisondelaviolette.fr) auf dem Canal du Midi: Veilchen-Liköre, Bonbons, Seife, Cremes und den Parfümklassiker „Violettes de Toulouse". Nettes und Nippes aus Färberwaid verkauft La Fleurée du Pastel (20, rue de la Bourse, www.bleu-de-lectoure.com). Mekka für Feinschmecker sind die **Markthallen** (Place Victor Hugo) – mit angesagten Lunch-Lokalen im ersten Stock. Mit Nailloux Fashion Village eröffnete 2011 das erste Outlet-Center des Südwesten 35 km südwestlich (Nailloux, Mo.–Sa. 10.00–19.00 Uhr, www.naillouxfashion.com)

Hotels und Restaurants

In dem legendären €€€€ **Hôtel du Grand Balcon** logierten schon Flugpioniere wie Mermoz, Delaunaye und St-Exupéry (8, rue Romiguières, F-31000 Toulouse, Tel. 05 61 21 48 08, www. grandbalconhotel.com).

Infos

Guter Service, ruhige Zimmer und zentrale Lage vereint das **€ Hôtel du Taur** (2, rue du Taur, F-31000 Toulouse, Tel. 05 61 21 17 54, www.hotel-du-taur.com).

Zur romantischen Nacht auf dem Canal du Midi lädt die **€€ Péniche Amboise** mit vier gemütlichen Zimmern und Frühstück. Für Entspannung an Bord sorgen Massagesessel und Jacuzzi (17, boulevard Griffoul Dorval, F-31400 Toulouse, Tel. 05 62 16 94 37, www.peniche-amboise.com).

Zwei-Sterne-Koch Michel Sarran liebt Experimente in seinem Schlemmertempel **€€€€ Michel Sarran** (21, boulevard Armand Duportal, Tel. 05 61 12 32 32, www.michel-sarran.com). Preiswerter ist seine **€€€ Brasserie du Stade** (114, rue des Troènes, Tel. 05 34 42 24 20). Regionalen Wein, Käse und Charcuterie serviert die Weinbar **Père Louis** (45, rue du Tourneurs). Sternekoch Christian Constant hat 2012 die legendäre Brasserie **€€/€€€ Bibent** wieder eröffnet und serviert die Genüsse des Midi inmitten wunderschöner Fin-de-Siècle-Fresken (5, place du Capitole, Tel. 05 34 30 18 37, www.maisonconstant.com). Süße wie auch salzige Eiskreationen gibt es beim Maître **Glacier Philippe Faure**, 51, rue des Filatiers, Tel. 05 62 73 11 89, www.philippefaur.com.

Information

Office de Tourisme, Donjon du Capitole, F-31080 Toulouse Cedex 6, Tel. 05 61 11 02 22, www.toulouse-tourisme.com

02 MONTAUBAN

Die 1144 gegründete Bastide – Bastides waren planmäßige Stadtgründungen im Süden Frankreichs mit schachbrettartigem Grundriss und entstanden unter Wehraspekten – entwickelte sich im 16. Jh. zu einer hugenottischen Hochburg. Nachdem jedoch Kardinal Richelieu La Rochelle in die Knie gezwungen hatte, übergaben die Einwohner 1629 nach kurzem Kampf ihre Stadt. Von der anschließenden Blüte im 17./18. Jh. künden zahlreiche Stadtpaläste. Bekannteste Söhne von Montauban (57 900 Einw.) sind der Maler Jean Auguste Dominique Ingres (1780–1867, Klassizismus), der Bildhauer Antoine Bourdelle (1861–1929) und der Politiker Daniel Cohn-Bendit (*1945).

Sehenswert

Das Herz der Stadt bildet die **Place Nationale** mit offenen Arkaden. Südl. davon liegt erhebt sich weiß leuchtend die **Cathédrale Notre-Dame** (1692–1739), die im linken Querschiff das berühmte Ingres-Gemälde „Das Gelöbnis Ludwigs XIII." birgt. Auf der Fassade der **Église St-Jacques** (14./15. Jh.) erinnern Einschläge von Kanonenkugeln an die katholische Rückeroberung der Stadt 1629. Den schönsten Blick auf die Bastide bietet sich vom **Pont Vieux,** der seit dem 14. Jh. mit sieben Backstein-Bögen den Tarn überspannt.

Museen

Bilder und Zeichnungen von Ingres zeigt das **Musée Ingres** im ehem. Bischofspalast (17. Jh.) am Tarnufer (19, rue de l'Hôtel de Ville; www.museeingres.montauban.com, Juli–Sept. tgl. 10.00–18.00, Apr.–Juni, Okt. 10.00–12.00, 14.00 bis 18.00 Uhr). Der ehem. Steuergerichtshof birgt das **Musée d'Histoire Naturelle** mit Exponaten zur Regionalgeschichte und das **Musée d'Histoire Naturelle et de Préhistoire** mit umfangreicher Vogelsammlung (2, Place Antoine-Bourdelle; beide Museen Di.–Sa. 10.00 bis 12.00, 14.00–18.00, So. 14.00–18.00 Uhr).

Hotel und Restaurant

An der Kathedrale empfängt das **€/€€ Hôtel du Commerce** seine Gäste im Ambiente des frühen 20. Jh. – und dem Komfort von heute (9, place Franklin Roosevelt, F-82000 Montauban, Tel. 05 63 66 31 32, Fax 05 63 66 31 28, www.hotel-commerce-montauban.com).

Cyril Paysserand komponiert im **€€€ Les Saveurs d'Ingres** zielstrebig Richtung Michelinstern (11, rue de l'Hôtel de Ville, Tel. 05 63 91 26 42, www.lessaveursdingres.com).

Information

Office du Tourisme, 4, rue du Collège, BP 201, F-82002 Montauban cedex, Tel. 05 63 63 60 60, www.montauban-tourisme.com

03 GAILLAC

Das Landstädtchen (13 300 Einw.) gehört zu den ältesten Weinbaugebieten Frankreichs – seit mehr als 1000 Jahren werden charaktervolle Rot-, Weiß- und Rosé-Weine hergestellt und Anf. Aug. bei der Fête des Vins im Stadtpark gefeiert.

Sehenswert

Wahrzeichen der Stadt ist die **Benediktinerabtei St-Michel,** deren heutiger Bau im 13. Jh. aus Backstein am Ufer des Tarn errichtet wurde, Pilgerstätte auf dem Jakobsweg war und im Mittelalter den Weinmarkt revolutionierte. Das Getreide der Region wurde auf der **Place Thiers** umgeschlagen; rund um ihre Fontaine du Griffoul (17. Jh.) ist Di. und Do. vorm. Wochenmarkt. Sehenswert ist auch die **Tour Palmata** mit Malereien aus dem 13. Jh.

Museen

Weinherstellung, Tarnschifffahrt und Kirchengeschichte sind die Themen des **Musée de l'Abbaye** (Palais Abatial; Sept.–Juni tgl. 10.00 bis 12.00, 14.00–18.00, Juli/Aug. 9.30–13.00, 14.00–19.00 Uhr). Zeichnungen von Ingres und dessen Schüler Firmin Salabert (1811–1895) zeigt das **Musée des Beaux-Arts** im barocken Château de Foucaud (April–Sept. Mi.–Mo. 10.00–12.00, 14.00–18.00, sonst Fr.–So. 10.00 bis 12.00, 14.00–18.00 Uhr).

Aktivitäten

Wie man Weine professionell verkostet, verraten **Weinseminare** des Maison des Vins (www.vins-gaillac.com) in der ehem Abtei St-Michel – die Keller werden bis heute zur Sektherstellung genutzt. Außerhalb der Kurse können tgl. 10.00–12.00 und 14.00–18.00 Uhr mehr als 100 Gaillac-Weine verkostet werden.

Hotel und Restaurant

In einem großen Park bietet eine ehem. Glashütte als **€ Hôtel La Verrerie** modern-komfortable Zimmer und gute **€€€** Landküche (1, rue de l'Egalité, F-81600 Gaillac, Tel. 05 63 57 32 77, Fax 05 63 57 32 27, www.la-verrerie.com).

Meister-Sommelier Daniel Pestre huldigt in seinem **€€€ Bistrot La Table du Sommelier** Bacchus-Freuden: mit erlesenen Weinen und guter Marktküche (34, place du Griffoul, Tel. 05 63 81 20 10, www.latabledusommelier.com).

Information

Office du Tourisme, Place Saint Michel, F-81600 Gaillac, Tel. 05 63 57 14 65, www.ville-gaillac.fr

04 ALBI

Die – wegen der Backsteinbauten – „Rote Stadt" am Tarn (51 000 Einw.) war eine der Katharerhochburgen, weshalb die Anhänger dieser Glaubensgemeinschaft auch Albigenser genannt wurden. In zwei Kreuzzügen wurde die „Irrlehre" bis 1229 ausgerottet. Wie Toulouse kam auch Albi im 15. und 16. Jh. durch Färber-

In der prunkvollen Kathedrale von Albi

waid zu Wohlstand. Als Henri de Toulouse-Lautrec (1864–1901) auf Château de Malromé bei Bordeaux an Syphilis starb, wollte kein Pariser Museum seine Werke – umso schöner werden sie in seiner Geburtsstadt Albi präsentiert, die seit 2010 zum UNESCO-Welterbe gehört.

Sehenswert

Von außen wehrhafte Strenge, im Innern Prunk und farbenprächtige Fresken: Die 1282 bis 1493 erbaute **Cathédrale Ste-Cécile** dominiert mit dem benachbarten bischöflichen Wehrbau **Palais de la Berbie** (13. Jh.) die Stadtsilhouette. Rottöne in allen Nuancen prägen auch die Altstadt – mal leuchtet der Backstein zartrosa, dann wieder ziegelrot. Typisch für die Baukunst im Tarntal ist das **Maison du Vieil Alby Rue** (1, rue de la Croix Blanche), das noch einen „Soleilhou" besitzt – einen offenen Dachboden, auf dem einst Färberwaid getrocknet wurde. An die **Stiftskirche St-Salvi** (11.–13 Jh.) schmiegen sich die Ruinen eines Klosters – heute eine ruhige grüne Oase. Schön ist der Blick auf die Altstadtkulisse vom **Pont Vieux** (1035), eine der ältesten Brücken Frankreichs.

Museum

Das 2012 nach Umbau wieder eröffnete **Musée de Toulouse-Lautrec ▶ TOPZIEL** folgt dem Lebensweg des Künstlers, der wie kein Zweiter des Pariser Leben Ende des 19. Jh. dargestellt hat – mit Bildern, Zeichnungen, Lithografien und 31 Plakaten (Place de la Berbie, www.musee-toulouse-lautrec.com; 21. Juni–31. Sept. tgl. 10.00–18.00, Okt.–März Mi.–Mo. 10.00–12.00, 14.00–18.00, Mai tgl. 10.00–12.00, 14.00–18.00, 1.–20. Juni tgl. 9.00–12.00, 14.00–18.00 Uhr).

Hotel und Restaurant

Viele Zimmer in der ehem. Mühle (1770), heute das €€ **Hotel Albi Bastides**, haben Paradeblick auf die Altstadt und den Tarn (41 bis, rue Porta, F–81000 Albi, Tel. 05 63 47 66 66, Fax 05 63 46 18 40, www.accorhotels.com).
In der ehem Kathedralschule für Knaben serviert €€ **Le Clos St-Cécile** Spezialitäten der Region (3, rue du Castelviel, Tel. 05 63 38 19 74).
David Enjalran verwöhnt seine Gäste im €€€ **L'Esprit du Vin** mit erstklassigen Land-Meer-Kreationen (Esprit du Vin, 2, quai Choiseul, Albi, Tel. 05 63 54 60 44, http://lespritduvin-albi.com).

Umgebung

Cordes sur Ciel (25 km nordw.), 1222 als erste Bastide vom Grafen von Toulouse gegründet, hat sein mittelalterliches Gepräge bewahrt.

Information

Office de Tourisme, Palais de la Berbie, Place Ste-Cécile, F-81000 Albi, Tel. 05 63 49 48 80, www.albi-tourisme.fr

Wellness auf dem Hausboot

Pflastermüde? Dann schiffen Sie sich in Toulouse auf dem hölzernen Hausboot „Buddha Boat Spa" ein und tanken bei asiatisch inspirierten Massagen und Beautybehandlungen neue Energie.

Gemütliche Shiatsu-Sessel, oszillierende Liegen und Wiegen, die langsam Kopf und Füße abwechseln senken und heben, sorgen für eine wohltuende Entspannung. In der Ecke blubbert leise ein Whirlpool, sanftes Licht erhellt die Sauna. Teelichter, glatt polierte Steine, Holzskulpturen und Raumparfüms beruhigen den Geist und berühren die Sinne.

Dann ist es Zeit für eine Massage. Während der Wind durch das Blätterdach der mächtigen Platanen am Ufer streicht, bringt eine ayurvedische Ölmassage Vitalität und Energie zurück. Danach vertreibt „Le Shirodhara" mit einem der Stirnguss das „dritte Auge" und jegliche mentale Anspannung.

Von den Indianern Arizonas lernte das Team von Buddha Boat die angenehm entspannende Wirkung heißer Basaltsteine kennen, auf Bali die wohltuende Wirkung von Nussölen. Partner-, Thai- und vierhändige Massagen sowie Packungen mit Papaya, Rassoul-Crème oder aromatischen Gewürzen runden die sinnliche Weltreise in der Ville Rose ab. Gut zu wissen: Das Hausboot ist ein Refugium für Erwachsene, der Nachwuchs hat hier Haus(boot)verbot.

AUF EINEN BLICK

Buddha Boat Spa, Boulevard Montplaisir, F-31400 Toulouse, Tel. 05 61 55 54 87, www.buddhaboat-spa.com; Di.–Sa. 11.00–20.00 Uhr

Service

ANREISE

Mit dem Flugzeug: Die beiden größten internationalen Flughäfen sind Toulouse und Montpellier. Sie werden sowohl von innerfranzösischen als auch von internationalen Fluglinien sowie Billig-Airlines bedient. Air France (www.airfrance.de) fliegt von Deutschland via Paris oder Lyon auch nach Perpignan, Tuifly (www.tuifly.com) fliegt Toulouse, Germanwings (www.germanwings.com) Toulouse und Montpellier mehrmals pro Woche an; nur via England erreicht man mit Ryanair (www.ryanair.com) Carcassonne, Béziers, Perpignan und Montpellier.

Mit der Bahn: Von Deutschland, Österreich und der Schweiz ist Südfrankreich mit den Hochgeschwindigkeitszügen **TGV** (Trains de Grandes Vitesse, www.tgv-europe.de) bequem zu erreichen. Die Hauptverbindungen laufen über Lyon, bedienen die größten Städte im Rhône-Tal und teilen sich am Mittelmeer in Richtung Marseille/Côte d'Azur bzw. Narbonne/Toulouse/Perpignan. Wer nicht online buchen möchte, kann die Tickets vorab bei dem SNCF-Büro Boutique Rail Europe, Am Bahnhofsvorplatz 1, 50667 Köln, Tel. 0 18 05/21 82 38 (0,12 €/Min. aus dem deutschen Festnetz), Fax 02 21/91 39 31 20, www.raileurope.de, erwerben. Weitere gute Bahnverbindungen bestehen nur noch auf der Hauptstrecke von Narbonne nach Bordeaux via Carcassonne und Toulouse.

Der **DB Autozug** (www.dbautozug.de) verkehrt von Hamburg, Berlin und München nach Avignon und Narbonne.

Ein besonders Erlebnis bieten **Touristenzüge** wie der Train Jaune der Ligne de Cerdagne von Villefranche-de-Conflent (www.ter-sncf.com), der Chemin de Fer Touristique du Tarn in St-Lieux-lès-Lavaur (www.cftt.org) oder der Train à vapeur des Cévennes (www.trainavapeur.com) zwischen Anduze und St-Jean-du-Gard.

Mit dem Auto: Frankreich besitzt hervorragende Autobahnen. Diese „Autoroutes" sind allerdings gebührenpflichtig; die Maut wird an der „Péage" bar oder mit Karte bezahlt – oder muss als abgezähltes Münzgeld in einen Behälter geworfen werden. Mautfrei sind einzig die A 75 ab Clermont-Ferrand bis zum Mittelmeer mit Ausnahme des Viaduktes von Millau sowie viele Stadtumfahrungen. Zur Hauptreisezeit im Juli und August kommt es auf den Autobahnen oft zu kilometerlangen Staus, besonders rund um das Nadelöhr Lyon und auf der Route de Soleil (Lyon–Mittelmeer). Als Alternative empfehlen sich die Routes Nationales (RN) – auch sie sind häufig mehrspurig zweispurig ausgebaut. Eine gute Hilfe bei der Reiseplanung bietet www.autoroutes.fr, auch in englischer Sprache verfügbar.

La Couvertoirade auf dem Causse du Larzac

Die Höchstgeschwindigkeit beträgt auf Autobahnen 130 km/h (bei Regen 110 km/h), auf der Route Express 110 km/h (bei Regen 100 km/h), auf den National- und Départementstraßen 90 km/h (bei Regen 80 km/h) und innerhalb geschlossener Ortschaften 60 km/h. Schon bei geringen Überschreitungen sind deftige Geldbußen bis zu 2200 € fällig. Die Promillegrenze liegt bei 0,5.

Nahverkehr In den Städten wird der öffentliche Nahverkehr mit umweltfreundlichen Fahrzeugen, teils kostenlosen Buslinien und Niederflur-Trams umfangreich ausgebaut.

AUSKUNFT

In Deutschland: ATOUT France – Franz. Zentrale für Tourismus, Postfach 100128, 60001 Frankfurt/M., info.de@rendezvousenfrance.com, www.rendezvousenfrance.com.
In Österreich: Tel. 0043(0)1 503 28 92, info.at@rendezvousenfrance.com, www.rendezvousenfrance.com.
In der Schweiz: info.ch@rendezvousenfrance.com, www.rendezvousenfrance.com.
In Frankreich: Comité Régional du Tourisme Languedoc-Roussillon, L'Acropole, 954, avenue Jean Mermoz, F-34960 Montpellier Cedex 2, Tel. 04 67 20 02 20, http://de.sunfrance.com. Comité Régional du Tourisme (CRT) Midi-Pyrénées, 15, rue Rivals - CS 78543, F-31685 Toulouse Cedex 6, Tel. 05 61 13 55 55, www.tourisme-midi-pyrenees.com.

In den Départements: Maison du Tourisme, 2, Boulevard du Sud, BP 30143, F-09 000 Foix, Tel. 05 61 02 30 70, www.ariegepyrenees.com.
Comité Départemental du Tourisme (CDT) de l'Aude, Avenue Raymond Courrière, F-11855 Carcassonne Cedex 9, Tel. 04 68 11 66 00, www.aude tourisme.com.
Comité Départemental du Tourisme (CDT) de l'Aveyron, 17, rue Aristide Briand, BP 831, F-12008 Rodez Cedex, Tel. 05 65 75 55 75, www.tourisme-aveyron.com.
Comité Départemental du Tourisme (CDT) du Gard, 3, rue Cité Foulc, BP 122, F-30010 Nîmes Cedex 4, Tel. 04 66 36 96 30, Fax 04 66 36 13 14, www.gard-tourismus.com.
Comité Départemental du Tourisme (CDT) de Haute Garonne, 14, rue Bayard, BP 71509, F-31015 Toulouse Cedex 6, Tel. 05 61 99 44 00, www.tourisme-haute-garonne.com.
Agence de Développement Touristique de l'Hérault, Avenue des Moulins, F-34184 Montpellier Cedex 4, Tel. 08 25 34 00 34, www.herault-tourisme.com.
Comité Départemental du Tourisme (CDT) de la Lozère, 14, boulevard Henri Bourrillon, F-48000 Mende, Tel. 04 66 65 60 00, Fax 04 66 65 03 55, www.lozere-tourisme.com.
Comité Départemental du Tourisme (CDT) des Pyrénées-Orientales, 16, avenue des Palmiers, F-66005 Perpignan, Tel. 04 68 51 52 53, www.tourisme-pyreneesorientales.com/de.
Comité Départemental du Tourisme (CDT) du Tarn, 41, rue Porta, F-81006 Albi, Tel. 05 63 77 32 10, www.tourisme-tarn-et-garonne.com. Agence de Développement Touristique de Tarn-et-Garonne, 15, allée de l'Empereur, BP 534, F-82005 Montauban Cedex, Tel. 05 63 21 79 65, www.touris me82.com.

BOTSCHAFTEN

Deutsche Botschaft, 13–15, avenue Franklin-D.-Roosevelt, F-75008 Paris, Tel. 01 53 83 45 00, Fax 01 43 59 74 18, www.paris.diplo.de.
Österreichische Botschaft, 6, rue Fabert, F-75007 Paris, Tel. 01 40 63 30 63, Fax 01 45 55 63 65, www.bmeia.gv.at.
Schweizer Botschaft, 142, rue de Grenelle, F-75007 Paris, Tel. 01 49 55 67 00, Fax 01 49 55 67 67, www.eda.admin.ch/paris.

ESSEN UND TRINKEN

In Südfrankreich ist die Küche genauso vielfältig wie die Landschaften. Am Meer werden allerorten **Meeresfrüchteteller** serviert – üppig beladen mit Austern, Pfahlmuscheln, Telline- und Palourdemuscheln. Köstliche Mittelmeerfische sind Roter Thunfisch – mitt-

Preiskategorien

€€€€	Menü	über 40 €
€€€	Menü	30–40 €
€€	Menü	18–30 €
€	Menü	bis 18 €

lerweile leider schon stark überfischt –, Gold-brasse und Wolfsfisch. Dazu passen leckere **Pasten** wie Aïoli, eine Knoblauchmayonnaise, Rouille, eine sehr pikante Sauce mit Knob-lauch, rotem Paprika und Olivenöl, oder Tape-nade, ein Püree aus schwarzen Oliven.

Das Landesinnere liebt würzige **Fleischge-richte** – eingemachtes Gänse- oder Enten-fleisch, Confit d'Oie oder de Canard, Bœuf à la Gardiane, ein Rindfleischragout – sowie **Wild-und Wildgeflügelgerichte.** Bekannt ist auch Cassoulet, ein deftiger Eintopf aus weißen Lingot-Bohnen mit Fleisch und Würsten.

Gebirgs- und Meeresküche vereinen sich in der **katalanischen Küche,** die von ihrer Zusam-menstellung ungewöhnlicher Geschmacks-noten lebt. Ihre Vielfalt hat Eliane Thibaut-Comelade in vielen Kochbüchern festgehalten – und vermittelt sie bei Kochvorführungen (www.cuisine-catalane.com).

Milch von den Schafen der Causses-Hochebe-nen liefert den weltberühmten **Blauschimmel-käse** Roquefort (s. S. 44). Sein weniger bekann-ter Bruder, der Bleu des Causses, wird hinge-

Frankreich und Katalonien einträchtig

450 000 v. Chr. In Tautavel leben an den Ufern des Mittelmeeres die ersten „Euro-päer".

um 560 v. Chr. Kleinasiatische Griechen gründen von Massalia (Marseille) aus Han-delsniederlassungen an der Küste: Agatha (Agde), Illilberis (Elne) sowie Cauco Illiberis (Collioure).

120 v. Chr. Die Römer besetzen Südfrank-reich. Narbo, das heutige Narbonne, wird Hauptstadt der Provincia Gallia Narbonen-sis; Baeterrae (Béziers) und Nemausus (Nîmes) werden gegründet.

5. Jh. Die Westgoten vertreiben die Römer, Narbonne wird Hauptstadt der westgo-tischen Provinz Septimania.

718/719 Die Truppen des arabisch-andalu-sischen Emirs al Samh dringen in Südfrank-reich ein und besetzen Narbonne, das als erste Stadt Frankreichs islamisch wird und Ausgangspunkt für Angriffe gegen andere südfranzösische Städte: 721 verteidigt Eudo von Aquitanien erfolgreich Toulouse, 725 fällt jedoch Carcassonne an die Mauren.

732 In der Schlacht von Poitiers stoppt Karl Martell den Vorstoß der Mauren. Sein Sohn Pippin der Kleine vertreibt 759 die Mauren aus Narbonne, Nîmes und Béziers.

795 Karl der Große gründet zum Schutz ge-gen die überwiegend arabisch beherrschte Iberische Halbinsel die Spanische Mark, die das Roussillon einschließt.

1167 Die Katharer (griech.: „die Reinen"), nach ihrem Sitz Albi auch Albigenser ge-nannt, gründen vier Erzbistümer in Okzita-nien: Toulouse, Albi, Carcassonne und Agen.

1208–1212 Erster Kreuzzug unter Simon IV. de Montfort gegen die Katharer .

1226 Zweiter Kreuzzug gegen die Katharer.

1243/1244 Dritter Kreuzzug, gegen die Katharer. Der Fall von Monségur (16.3.1244) besiegelt das Ende der katharischen Glau-bensrichtung.

1276–1344 Perpignan ist Hauptstadt des Königreichs von Mallorca, zu dem neben den Baleraren auch der Roussillion und Montpellier gehören.

24.8.1572 Bartolomäusnacht: Massaker an den Hugenotten in Paris.

1642 Ludwig XIII. besetzt Perpignan im Ver-lauf des Französisch-Spanischen Kriegs, der 1659 mit dem Pyrenäenvertrag beendet wird und Katalonien teilt. Der Roussillon fällt mit der Cerdagne an Frankreich und wird der Zentralregierung unterstellt.

Ab 1660 Der Festungsbaumeister Vauban baut neue Bollwerke an der Grenze: Perpi-gnan, Villefranche-de-Conflent, Port-Vendres, Mont-Louis, Prat-de-Mollo.

1702–1704 Camisardenkriege; blutige Ver-folgung der reformierten Hugenotten („Blu-senmänner") in den Cevennen.

1790 Nach der Französischen Revolution werden die überkommen, feudalistisch geprägten Provinzen in Départements ge-gliedert: Der Roussillon wird zum Départe-ment Pyrénées Occidentales, das Langue-doc zerfällt in neun Départements (heute Gard, Hérault und Lozère).

1882 Einführung der allgemeinen Schul-pflicht. Französisch wird Amtssprache im Midi, der Gebrauch der Regionalsprache Ok-zitanisch verboten.

1907 Über 500 000 südfranzösische Winzer protestieren gegen Billigweine aus Algerien.

1934 Nach der Machtergreifung Hitlers und der Besetzung Nordfrankreichs (1940) wird Südfrankreich bis zum Einmarsch Hit-lerdeutschlands in Nordafrika (Nov. 1942) als „Zone libre" zum Ziel von Emigranten.

1960 Zusammenlegung von Languedoc und Roussillon zur Region Languedoc-Roussillon. Montpellier wird 1964 Hauptstadt.

1996/1997 Der Canal du Midi und Carcas-sonne werden UNESCO-Welterbestätten.

2004 Einweihung des Viaduc de Millau.

2010 Bei den Regionalwahlen siegt im Languedoc-Roussillon der unabhängige (so-zialistische) Kandidat Georges Frêche. Albi wird UNESCO-Welterbe.

2012 Der Sozialist François Hollande wird neuer französischer Staatspräsident. Die Ce-vennen und Causses werden UNESCO-Welt-erbe.

gen aus Kuhmilch gefertigt. Als Dessert genie-ßen die Südfranzosen die Crème catalane, eine karamellisierte Vanillecreme aus Katalonien.

Das Languedoc-Roussillon ist eines der größten und ältesten **Weinbaugebiete** der Welt. Be-reits Plinius der Ältere pries die im 1. Jh. in Rom sehr geschätzten Weißweine aus Limoux. Heute zählt die Region 30 A.O.C-Weine, darun-ter auch die einzigartigen Sandweine aus der Camargue. Eine Besonderheit des Pyrenäen-vorlandes sind die „Vins doux", die einen Alko-holgehalt von 15–18° und einen hohen Zucker-anteil aufweisen. Besonders berühmt als „Vins doux naturels" sind die Süßweine aus Banyuls und der Muscat de Rivesaltes.

Empfehlungen: Auf den Info-Seiten der ein-zelnen Kapitel sind Restaurants und Gasthöfe ohne Anspruch auf Vollständigkeit genannt.

Service

Tipp

Zum Weiterlesen

Cornela Schinharl, Jörg Zipprick, **Südfrankreich – Küche & Kultur** (Gräfe & Unzer Verlag). Eine kulinarische Reise durch den Süden Frankreichs mit 120 authentischen Rezepten und 16 Reportagen über kulinarische Klassiker wie Käse, Kräuter und Stierfleisch der Camargue, über Austern und Anchovis, Trüffel und wieder entdeckte Tomatensorten.

Birgit Vanderbeke, **Gebrauchsanweisung für Südfrankreich** (Piper). Mit genauem Blick und der ihr eigenen feinen Ironie schreibt Birgit Vanderbeke, die seit einem Jahrzehnt im Süden Frankreichs lebt, über die Menschen des Midi, über ihren Eigensinn und ihre Fahrkünste, von ihrer Freundschaft, ihrer Anarchie und vorzüglichem Essen.

Natalie Zemon Davis, **Die wahrhaftige Geschichte von der Wiederkehr des Martin Guerre** (Verlag Klaus Wagenbach). Martin Guerre (1524–1560), Bauer, Ehemann und Vater, verschwindet plötzlich. Als er nach Jahren wieder auftaucht, ist er nicht mehr derjenige, der er vorgibt zu sein. Der spannende Historienkrimi aus dem Languedoc des 16. Jahrhundert basiert auf einer wahren Begebenheit.

Philippe Dijan, **Betty Blue: 37,2 Grad am Morgen** (Diogenes). Der Roman um eine wahnsinnige Liebe in einem südfranzösischen Provinznest wurde zum Kultbuch und von Jean-Jacques Beineix verfilmt.

Ernest Hemingway, **Der Garten Eden** (Rowohlt). Schauplatz des posthum erschienen Romans ist Le Grau-du-Roi in der Camargue, wo David und Catherine Bourne, heftig verliebt und frisch verheiratet, unbeschwerte Flitterwochen verbringen – bis sie mit der Französin Marita eine „Ménage à trois" beginnen …

Kate Mosse, **Das verlorene Labyrinth** (Droemer/Knaur). Bei Ausgrabungen in einer Höhle im Herzen des Languedoc entdeckt Alice Tanner zwei Skelette und eine labyrinthartige Wandmalerei. Was steckt dahinter? Das verrät die britische Autorin, die ein Haus im Aude besitzt, in ihrem historischen Mystery Thriller.

Robert L. Stevenson, **Reise mit dem Esel durch die Cevennen** (Éditions La Colombe). 1878 durchquerte der berühmte schottische Schriftsteller Robert Louis Stevenson mit seiner Eselin Modestine die Cévennen.

FESTE UND FEIERTAGE

Feiertage: 1. Jan./Neujahrstag (Jour de l'an), März/April Ostermontag (Lundi de pâques), 1. Mai Tag der Arbeit (Fête du travail), 8. Mai Waffenstillstand 1945 (Armistice), Mai/Juni Christi Himmelfahrt (Ascension), Mai/Juni Pfingstmontag (Lundi de pentecôte), 14. Juli Nationalfeiertag (Fête nationale), 15. Aug. Mariä Himmelfahrt (Assomption), 1. Nov. Allerheiligen (Toussaint), 11. Nov. Waffenstillstand 1918 (Armistice), 25. Dez. Weihnachtsfeiertag (Noël)

Feste: Die Leidenschaft für Pferde und Stiere prägt die lokalen Feste. Nîmes, Céret und Béziers feiern im Sommer die **Feria** – riesige Volksfeste rund um eine spanische Corrida und die unblutige Course Camarguaise. Hinzu kommen Wasserfeste wie **Fischerstechen** (joutes) in Sète, Le Grau-du-Roi und Balaruc-les-Bains, Karnevalsriten wie die „Fécos" von Limoux, Weinfeste, okzitanische Feste und mehr als 200 Festivals.

GELD

In Südrankreich ist der **Euro** offizielles Zahlungsmittel. An den französischen Geldautomaten (Bancomat) lässt sich mit Kredit-, ec- und Postbankkarten rund um die Uhr Geld abheben.

GESUNDHEIT UND WELLNESS

Thalasso heißt die Wellnessformel an der Mittelmeerküste – Badezentren wie das Institut Thalassa Mercure (Port Camargue), das Institut de Thalassothérapie de la Grande Motte, Thalacap (Cap d'Agde), Thalacap Catalogne (Banyuls-sur-Mer), Thalasso Canet-Sud und Institut Thalassol (Les Bacarès), die die Heilkraft des Meerwassers, des Watts und der Algen nutzen, erfreuen sich größter Beliebtheit. Mit 87 000 Kurgästen pro Jahr, welche die 13 Badeorte der Region besuchen, ist das Languedoc-Roussillon die drittgrößte Thermalregion Frankreichs.

HOTELS UND UNTERKUNFT

Empfehlungen: Auf den Info-Seiten der einzelnen Kapitel sind ohne Anspruch auf Vollständigkeit einige Hotels und Gasthöfe genannt.

Camping: Sehr beliebt ist Camping und Caravaning. Es empfiehlt sich, vor allem in der Hauptreisezeit den Stellplatz rechtzeitig zu reservieren. Der offizielle Campingführer ist erhältlich bei der Fédération Française de Cam-

Markthallen gehören zum Leben: Narbonne

ping-Caravaning (Tel. 01 42 72 84 08, www.campingfrance.com). Wildes Campen ist nur mit Genehmigung des Grundstückeigentümers erlaubt. An Stränden oder in geschützten Gebieten ist es jedoch verboten.

Hotels: 2009 hat das Wirtschaftsministerium in Paris das alte 4-Sterne-System abgeschafft und die international übliche Hotelklassifizierung in ein bis fünf Sterne eingeführt. Je nach Reisezeit und Region differieren die Preise sehr stark – bei Feiertagen, Festen, Messen sowie in den Ferien zu Ostern sowie im Juli und Aug. werden deutlich höhere Preise verlangt.

Zu den bekanntesten Hotelketten gehört Logis de France (www.logis-de-france.fr), das seine Hotels und Restaurants im Landhausstil mit „Kaminen" klassifiziert.

Ferienwohnungen: Zahlreiche Résidences de Tourisme (Übersicht unter www.snrt.fr) bieten auf Wunsch auch weitere Serviceleistungen

Mancherlei überrascht in den Markthallen

Preiskategorien

€€€€	Doppelzimmer	über 200 €
€€€	Doppelzimmer	150–200 €
€€	Doppelzimmer	70–150 €
€	Doppelzimmer	bis 70 €

an. Größter Anbieter für Ferienwohnungen und -häuser in Frankreich ist Gruppe Pierre & Vacances (www.pv-holidays.de), eine große Auswahl bietet auch Clévacances (www.cleva-cances.com). Feriendörfer, speziell für Familien angelegt und mit Animation vor Ort, Kinderclubs und kulturellen Einrichtungen, präsentiert die Union Nationale des Associations de Tourisme et de Plein Air (www.unat.asso.fr). „Gîtes rural" nennen sich Ferienwohnungen in den Bergen, auf dem Land oder am Meer, die Selbstversorger für eine Wochenende oder wochenweise mieten können.

Diverses: Unter dem Motto „Bienvenue à la ferme" (www.bienvenue-a-la-ferme.com) offerieren Bauernhöfe Landunterlaub. Eine gute Gelegenheit, südfranzösische Lebensart hautnah zu erleben, bieten die viele Chambres d'Hôtes (Bed & Breakfast-Privatzimmer), die als Table d'Hôte auch ein gemeinsames Abendessen servieren.

Ein Erlebnis ist ein Aufenthalt in einem umgebauten Schloss oder Herrenhaus, oftmals in herrlichen Parkanlagen gelegen (www.relaischateaux.com, www.grandesetapes.fr, www.simplychateau.com, www.chateauxhotels.com).

REISEDOKUMENTE

Zur Einreise nach Frankreich genügt für Bürger der Europäischen Union ein gültiger Personalausweis. Autofahrern wird die Mitnahme der grünen Versicherungskarte empfohlen. Fahrzeuge ohne EU-Kennzeichen benötigen die ovale Länderplakette.

REISEZEIT

Zwischen Ostern und Okt. ist in Südfrankreich Saison – im Winter sind zahlreiche Hotels geschlossen, viele Museen schließen ebenfalls ihre Türen oder bieten nur reduzierte Öffnungszeiten an. In der Hauptferienzeit im Juli und Aug. ist besonders der Küstenstreifen überlaufen; Hotelbetten für diese Monate werden oft schon ein Jahr im Voraus gebucht. Im Hinterland jedoch findet man auch während dieser Monate immer noch ein Bett. Schönste Reisemonate für Entdeckungen von Land, Natur und Kultur sind die Monate Mai und Sept.

SOUVENIRS

Zu den schönen Souvenirs gehören die kulinarischen Spezialitäten des Südens – Salz aus der Camargue, Ziegenkäse aus den Cévennen, Olivenöl aus Nîmes, Veilchenparfüm aus Toulouse, Grisettes aus Montpellier, Sandwein vom Golf de Lion, Süßwein aus Banyuls ... schon der Geruch dieser Genüsse weckt auch daheim Erinnerungen an den Urlaub. Schön und praktisch sind auch die handwerklichen Erzeugnisse, deren Produktion vielleicht vor Ort besichtigt wurden: Messer aus Laguiole, Handschuhe aus Millau, Korbwaren aus Vallabrègues, Töpferarbeiten aus St-Quentin-la-Poterie, Seidenstoffe aus den Cevennen. Oder die Musik des Südens: jazzige Chansons von Claude Nougaro, katalanische Klänge von Lluís Llach oder gregorianische Gesänge aus der Abtei d'En-Calcat (www.encalcat.com).

SPORT

Wassersport: Mit 27 Häfen und 30 000 Liegeplätzen ist das Languedoc-Roussillon eine Hochburg für Wassersportfreunde, die hier segeln, fischen, tauchen, surfen oder kitesurfen. Im Hinterland locken Kajak- und Kanutouren auf dem Gardon, Hérault, Lot, Tarn, auf der Cèze und der Ardèche. Ohne Führerschein können Hausboote auf dem Canal du Midi und der Canal du Rhône à Sète gemietet werden.

Golf: Golfer haben im Languedoc-Roussillon die Wahl zwischen 20 Plätzen (www.sudfrancegolf.com); zu den attraktivsten gehört die Fünfsterneanlage Golf de Nîmes-Campagne, dessen 18 Fairways sich abwechslungsreich

Défilé de Pierre Lys: Rafting auf der Aude

Geografische Lage: Südfrankreich erstreckt sich zwischen den Pyrenäen im Westen und der Petite Camargue im Osten entlang der französischen Mittelmeerküste und landeinwärts bis zu den Cevennen und den Causses. Die Küstenlinie beträgt 220 km; die höchsten Erhebungen sind Canigou (2784 m) und Pic Carlit (2921 m) in den Pyrenäen sowie Mont Lozère (1699 m) und Mont Aigual (1567 m) in den Cevennen.

Politische Gliederung: Südfrankreich umfasst die vier Départements Ariège, Aveyron, Haute-Garonne und Tarn in Midi-Pyrénées sowie die Départements Aude, Gard, Hérault, Lozère und Pyrénées-Orientales im Languedoc-Roussillon. Regiert werden die Regionen von einem für sechs Jahre gewählten Präsidenten. In Languedoc-Roussillon ist es seit seit dem überraschenden Tod von Georges Frêche seit Herbst 2010 der Sozialist Christian Bourquin, in Midi Midi-Pyrénées der Sozialist Martin Malvy.

Bevölkerung: Mehr als 5 Mio. Menschen leben in Südfrankreich. Größtes Ballungszentrum ist Toulouse mit rund 1,2 Mio. Menschen, gefolgt von Montpellier (258 000 Einw., Metropolregion 420 000) und Nîmes (144 000, Metropolregion 220 000). Die Bevölkerungsdichte von 90 Einw./km² weist starke regionale Unterschiede auf: Die Küste und die Täler von Rhône und Garonne sind mit 242 Einw./km² sehr stark urbanisiert; die Bergregionen mit 13 Einw./km² äußerst dünn besiedelt. Bedeutende Minderheiten bilden die „Pieds noirs", Algerienfranzosen, und die „Maghrébins", Immigranten aus Nordafrika.

Wirtschaft und Verkehr: Wichtiger Wirtschaftszweig ist neben dem Tourismus der Anbau von Oliven, Obst, Gemüse und Wein – die Rebflächen von Languedoc-Roussillon sind drei Mal so groß wie die von Bordeaux. Boomende Industriezentren sind Toulouse (Luftfahrt) und Montpellier (Informationstechnologien).

durch ein bewaldetes, hügeliges Gelände oberhalb der Römerstadt winden. Wer hier abschlagen möchte, sollten jedoch mindestens ein Handicap von 36 vorweisen.

Wandern: Zu den beliebtesten Routen gehören hier die beiden Routen des Jakobsweges nach Santiago de Compostela. Die Lozère-Strecke führt durch das Aubrac und die Marge-

Service

ride, die Südstrecke über St-Gilles durch den Gard und St-Guilhem-le-Désert in den Hérault.

SPRACHE

Die Franzosen sind stolz auf ihre Sprache – und freuen sich über jeden Versuch, sich in ihrer Sprache auszudrücken. Wagen Sie es, ehe Sie auf das Englische ausweichen, und Ihnen wird mit Sympathie zugehört und meist auch gern geholfen. Das Englische ist vor allem bei Jüngeren und in der Gastronomie verbreitet, Deutsch wird kaum verstanden

TELEFON

Die internationalen **Ländervorwahlen** lauten: Deutschland 0049, Österreich 0043, Schweiz 0041, Frankreich 0033. Bei grenzüberschreitenden Gesprächen nach Frankreich ist die Ländervorwahl zu wählen, gefolgt von der stets neunstelligen Teilnehmernummer; die bei Telefonnummern angegebene erste Null wird hier nicht mitgewählt. Innerhalb Frankreichs wird immer die vollständige zehnstellige Nummer inklusive der ersten Null gewählt.

Münz- und Kartentelefone haben im Zeitalter der Handys fast ausgedient. Télécartes für Kartentelefone sind in Postämtern und „Tabac"-Läden erhältlich.

Notruf: SAMU-Rettungswagen (Service d'aide médicale urgente) und Notarzt 15; Polizei 17; Feuerwehr 18; ADAC-Notruf in Frankreich: 04 72 17 12 22.

ZOLL

Da Frankreich zum Binnenmarkt der Europäischen Union gehört, ist der private Warenverkehr zwischen den Mitgliedsländern weitgehend zollfrei. Zur Abgrenzung zwischen privater und gewerblicher Verwendung gelten folgende Richtmengen: 800 Zigaretten, 200 Zigarren, 10 l Spirituosen und 90 l Wein.

Bei der Einreise in die Schweiz sind Begrenzungen u. a. für Spirituosen und auch Reisesouvenirs zu beachten.

Wetterdaten

Perpignan

	TAGES-TEMP. MAX.	NACHT-TEMP. MIN.	WASSER-TEMP.	TAGE MIT NIEDER-SCHLAG	SONNEN-STUNDEN PRO TAG
Januar	12°	4°	12°	5	5
Februar	13°	5°	12°	5	5
März	15°	7°	12°	5	7
April	18°	9°	13°	6	7
Mai	21°	12°	15°	6	8
Juni	26°	16°	18°	4	9
Juli	29°	19°	20°	3	10
August	28°	18°	21°	4	9
September	25°	16°	20°	4	7
Oktober	21°	12°	17°	5	6
November	16°	8°	15°	5	5
Dezember	13°	5°	13°	5	5

Ein Bild von einer mittelalterlichen Stadt: Carcassonne

Register

Impressum

3. Auflage 2014
© DuMont Reiseverlag, Ostfildern

Verlag: DuMont Reiseverlag, Postfach 3151, 73751 Ostfildern, Tel. 0711/4502-0, Fax 0711/4502-135, www.dumontreise.de
Geschäftsführer: Dr. Thomas Brinkmann, Dr. Stephanie Mair-Huydts
Programmleitung: Birgit Borowski
Redaktion: Dorothee Kern
Text: Hilke Maunder, Hamburg (www.maunder.de)
Exklusiv-Fotografie: Michael Riehle, München
Zusätzliches Bildmaterial: Mauritius/Imagebroker/Norbert Eisele-Hein (S. 35 u.), Stockfood/Frank Croes (S. 47)
Grafische Konzeption, Art Direktion und Layot: fpm factor product münchen
Kartografie: © MAIRDUMONT GmbH & Co. KG, Ostfildern
DuMont Bildarchiv: Marco-Polo-Straße 1, 73760 Ostfildern, Tel. 0711/4502-266, Fax 0711/4502-1006, bildarchiv@mairdumont.com

Für die Richtigkeit der in diesem DuMont Bildatlas angegebenen Daten – Adressen, Öffnungszeiten, Telefonnummern usw. – kann der Verlag keine Garantie übernehmen. Nachdruck, auch auszugsweise, nur mit vorheriger Genehmigung des Verlages. Erscheinungsweise: monatlich.

Anzeigenvermarktung: MAIRDUMONT MEDIA, Tel. 0711 450 23 33, Fax 0711 45 02 10 12, media@mairdumont.com, http://media.mairdumont.com
Vertrieb Zeitschriftenhandel: PARTNER Medienservices GmbH, Postfach 810420, 70521 Stuttgart, Tel. 0711 72 52-212, Fax 0711 72 52-320
Vertrieb Abonnement: Leserservice DuMont Bildatlas, Zenit Pressevertrieb GmbH, Postfach 810640, 70523 Stuttgart, Tel. 0180 572 72 52 265, Fax 0180 572 72 52 333, dumontreise@zenit-presse.de
Vertrieb Buchhandel und Einzelhefte: MAIRDUMONT GmbH & Co. KG, Marco-Polo-Straße 1, 73760 Ostfildern, Tel. 0711 45 02 0, Fax 0711 45 02 340
Reproduktionen: PPP Pre Print Partner GmbH & Co. KG, Köln
Druck und buchbinderische Verarbeitung: NEEF + STUMME premium printing GmbH & Co. KG, Wittingen, Printed in Germany

FSC
www.fsc.org
MIX
Papier aus verantwortungsvollen Quellen
FSC® C001857

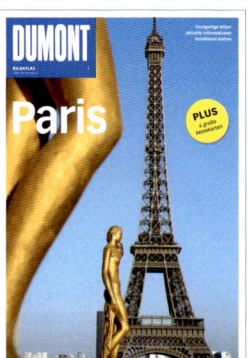